알고 보면 엄청 쉬운

공무원
예산 이야기

알고 보면 엄청 쉬운

공무원 예산 이야기

초판 1쇄 발행 2025년 1월 20일

지은이 김영수

펴낸이 강기원
펴낸곳 도서출판 이비컴
디자인 디자인 수
마케팅 박선왜

주 소 서울시 동대문구 고산자로 34길 70, 431호
전 화 02-2254-0658 팩 스 02-2254-0634
등록번호 제6-0596호(2002.4.9)
전자우편 bookbee@naver.com
I S B N 978-89-6245-235-8 (13320)

알고 보면 엄청 쉬운

공무원
예산 이야기

김영수 지음

차근차근 따라가다 보면
어느새 성장하는 예산 체력

이비락 樂

차 례

1부 **예산의 숲, 들여다보기**

1장 모두의 예산 · 12

2장 예산을 편성하는 이유 · 16

3장 예산은 계획일 뿐이야 · 22

4장 결산을 왜 하냐면 말야~ · 28

5장 [예산의 편성 원리] 쫄보라서 그런게 아냐~ · 36

6장 예산의 종류를 알아볼까1 – 성과주의 예산제도? · 40

7장 예산의 종류를 알아볼까2 – 일반회계? 순계예산? · 46

8장 예산의 규모에 대해 알려줄게~ · 56

9장 지방예산은 어떤 과정을 거칠까? · 68

2부 **예산의 나무, 살펴보기**

1장 예산을 편성하는 원칙 · 78

2장 예산편성의 근본, 세입예산 · 89

3장 가깝지만 너무 먼 당신, 세출예산 목그룹 · 100

4장 예산엔 정답이 없어 · 106

5장 예산의 장애물을 헤쳐나가는 방법 · 114

6장 과태료는 어떤 예산과목으로 납부해야 할까? · 133

7장 울지 않는 새에게는 먹이를 주지 않는다 · 149

3부 예산의 줄기와 잎, 자세히보기

1장 예산편성 없이 먼저 집행하는 예산 성립전 사용 · 164

2장 뭐라고? 예산을 목적외로 사용한다고? · 176

3장 작년 초과근무수당을 올해 예산으로 지급해도
    되는거야? · 183

4장 출장여비를 제대로 알려줄게~ · 191

5장 출장여비와 시간외근무수당의 상관관계 · 210

6장 소모품과 비품을 구분할 줄 알아? · 219

7장 순세계 잉여금을 알면 예산을 보는 시야가 넓어져 · 225

8장 지방보조금은 꼭 알아둬~ · 233

공직자들은 예산에 관한 내용을 그다지 좋아하지 않습니다. 정확히 말하면 조금 꺼리는 편입니다. 많은 이유가 있겠지만 마치 수포자(수학 포기자)와 비슷한 이유가 아닐까 생각합니다.

요즘은 초등학교에 들어가기 전부터 구구단 외는 아이들이 대부분인데 과연 그 아이들은 곱하기의 개념을 이해한 후에 구구단을 외우는 것일까요? 아마 아닐 겁니다. 극히 일부를 제외하고는 그냥 부모가 시키니까 암기한 결과겠지요.

차근차근 순차적으로 탑을 쌓듯 배워나가야 하는 학문이 수학일진대, 처음부터 원리를 모른 채 강요로 시작했으니, 수학이 재미있을 리가 만무할 것이고 흥미는 완전히 잃어버리게 될 터이니, 자연스럽게 수포자의 길에 들어서게 되는지도 모르겠습니다.

예산을 싫어하는 이유도 이와 비슷합니다.
예산에 대해 아무것도 모르는 상태에서 발령 받고 나면 출장 여

비를 지출하고, 급량비를 지출해야 하니 예산이 뭔지, 어떻게 집
행해야 하는지에 대해 생각할 겨를조차 없이 그때그때 예산 작업
을 쳐내는 데만 급급해 집니다.

그렇다 보니 당연히 예산이 재미 있을 리가 없고, 예산이 싫어
질 수밖에 없습니다.

이런 현실임에도 공직자들에게 예산을 알기 쉽고 재미있게 알
려주는 채널이 전무합니다. 제대로 된 교육도 없고 교육이 있다고
하여도 눈높이에 맞춰 쉽게 진행되지는 않을뿐더러 전체적인 그
림을 보여주는 대신 예산편성이면 편성에 대해서만 설명하고, 예
산집행이면 집행에 대해서만 설명할 뿐이지요.

이러한 까닭에 예산은 이런 녀석이고, 전체적인 생김은 저렇다
는 설명을 드리고 싶었습니다.

그렇게 예산이라는 숲과 나무와 가지, 그리고 잎에 대해 전체적
으로 감을 잡은 후에 실제 예산 작업을 하면 훨씬 수월하게 접근

할 수가 있기 때문입니다.

밀가루와 발효에 관해 먼저 이해를 하고 빵을 만드는 사람과 그냥 무작정 빵을 만드는 사람의 차이는 보지 않아도 뻔한 것처럼 말입니다.

예산이라는 녀석이 의외로 귀여운 구석도 있고, 재미있는 구석도 있으니 너무 미워하거나 혐오하지 마시고 친하게 지내면서 유익한 관계를 이어가시길 희망하면서, 부족한 제 글이 예산에 대한 호감을 느끼는 계기가 되길 바래봅니다.

2024년 12월 김영수

1부

예산의 숲, 들여다보기

1장 모두의 예산

공직자들은 예산을 공공부문의 전유물이라 여기곤 합니다. 마치 자신들만이 사용할 수 있도록 허가되었다는 듯이 말이지요. 하지만 예산의 정의를 살펴보면 생각이 달라질 겁니다.

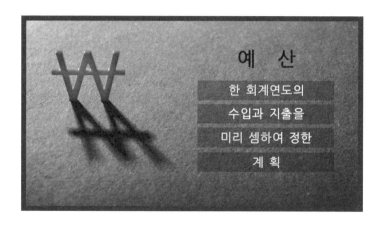

예산의 정의를 살펴보면 어디에도 공공부문에서만 사용할 수 있다는 말은 찾아볼 수 없듯이 예산은 누구나 사용할 수 있고, 어느 조직이든 자유롭게 사용할 수 있는 일반적인 개념입니다.

(여행을 계획하는 A씨)

"이번 여행에는 예산이 많이 드네."

(공장을 증축하는 B사)

"원자재 값이 올라서 공장 증축하는데 예산이 초과되겠어."

(프로젝트에 진심인 C사)

"이번 프로젝트는 반드시 성공시켜야 하니 예산을 더 투입해야겠어."

이처럼 누구나 어디에서나 사용할 수 있는 예산이라는 용어를 공공부문에서 사용하면 수입은 세입이 됩니다.

말 그대로 거둬들이는 세금이란 뜻이지요. 그리고 지출은 세출이 됩니다. 단어 뜻 그대로 사용하는 세금이란 의미입니다.

이러한 공공부문 예산 중 중앙부처의 예산은 국가예산, 지방자치단체의 예산은 지방예산으로 분류됩니다.

국가예산과 지방예산은 근거하는 법령도 다르고 사용 방법도 꽤 차이가 나는 데 대표적인 것이 바로 운영비 보조금입니다.

지방예산으로 운영비 보조금을 편성하고 집행하려면 법령에 명시적 근거가 있어야 합니다.

「지방자치단체 보조금 관리에 관한 법률」

제6조(지방보조금의 예산 편성 및 운영) ② 지방자치단체의 장은 법령에 명시적 근거가 있는 경우 외에는 지방보조금을 운영비로 교부할 수 없다. 이 경우 운영비로 사용할 수 있는 경비의 종목은 대통령령으로 정한다.

「지방자치단체 보조금 관리에 관한 법률 시행령」

제3조(운영비 사용 경비의 종목) 「지방자치단체 보조금 관리에 관한 법률」(이하 "법"이라 한다) 제6조제2항 전단에 따라 법령에 근거하여 지방보조금을 운영비로 교부하는 경우 그 운영비로 사용할 수 있는 경비의 종목은 다음 각 호와 같다. 다만, 각 호의 경비가 지방보조사업을 수행하는 데 직접 드는 경비인 경우는 제외한다.

1. 인건비
2. 사무관리비
3. 임차료
4. 그밖에 지방자치단체의 장이 다른 지방자치단체, 법인·단체 또는 개인 등이 수행하는 사무 또는 사업 등의 기본적인 운영을 위하여 특별히 필요하다고 인정하는 경비

이는 지방자치단체에서 특정 개인이나 단체에 인건비 등의 운영비 퍼주기를 막기 위한 조치이고, 이를 통해 보조금 예산의 방만한 집행을 방지하기 위한 목적입니다.

말 그대로 민간이 시행하는 사업을 보조하는 예산이 보조금이

니 특정 민간단체의 존립을 목적으로 예산이 투입되는 것을 막겠다는 취지일 터이니 사업보조금은 인건비와 같은 운영비로 편성할 수 없다고 아예 법령에 못을 박아 놓은 것입니다.

하지만 국고보조금에는 그런 규정이 존재하지 않습니다. 국가 예산의 포괄성으로 인해 사용 주체의 자율성을 최대한 보장하자는 주의에 기인한 결과이겠지요.

따라서 국고보조금의 경우는 사업보조금이라 할지라도 지침상 운영비 편성이 가능하다고 명시되어 있으면 운영비 편성이 가능하게 되는 구조입니다.

이처럼 똑같은 세금이라는 재원을 가지고 편성하고 집행하는 공공부문의 예산이지만 국가예산과 지방예산은 분명히 차이가 존재합니다.

이 책에서는 공공부문 그것도 지방자치단체에서 주로 다루는 지방예산에 대해 이야기해 보겠습니다.

2장 예산을 편성하는 이유

아마도 공직자인 경우 예산을 왜 편성해야 하지? 라는 의문을 가져본 분은 드물 겁니다.

보통은 예산시즌이 도래하여 예산편성자료를 제출하라는 공문이 시행되면 그 시한에 늦지 않으려고 그 많은 예산 자료를 만들어가며 야근을 하는 것이 당연하다 생각해 왔으니까요.

제목 건전재정운용을 위한 '24년 예산편성 계획 통보 및 '24년 당초예산 요구서 제출 요청

1. 효율적 재원 배분을 통한 계획적인 재정 운용으로 재정 건전성 확보 및 지속가능한 재정 운용을 위한 2024년 예산편성 계획을 붙임과 같이 통보하오니, 전 부서에서는 2024년 예산편성 시 재정혁신방안과 중점투자분야에 유념하여 추진하여 주시기 바랍니다.

2. 또한 2024년도 당초예산 편성을 아래와 같이 추진할 계획이오니 법정기한에 맞춰 차질없이 진행될 수 있도록 적극 협조하여 주시기 바라며, 전 부서에는 예산요구를 붙임 서식에 따라 작성하여 **2023. 8. 22.(화)까지 제출**하여 주시기 바랍니다.

○ 예산편성 일정(안)
- 기준경비 한도액 및 자체 기준 통보 : '23. 8. 14.(월)
- **예산편성 운영기준 설명회(영상회의)** : **'23. 8. 16.(수)**
- **부서별 예산요구서 제출** : **'23. 8. 16.(수) ~ 8. 22.(화)**
  * e호조+시스템(세입·세출 요구서) 및 예산정보지원시스템(사업설명서) 입력 후 다운받아 제출
- 예산편성 심의 : '23. 8. 23.(수) ~ 10. 11.(수)
- 예산안 편성보고 : '23. 10. 20.(금)
- 예산안 도의회 제출/심의·의결 *법정기한 : '23. 11. 11.(금) /12. 14.(목)한

○ 유의사항(붙임2 참고)
- **사업설명서 작성 철저** : 예산편성의 근거가 되는 중요 자료로 명확하게 작성
- **사전절차 이행 철저** : 사전절차 미이행 사업 예산 미반영 원칙
- **신규사업 체크리스트 작성** : 사업필요성 등 체크리스트를 통한 자체 검증 철저

붙임 1. 건전재정운용을 위한 24년 예산편성 계획 1부
    2. 제출서류 목록 및 요구 시 유의사항 1부
    3.1~3.3. 예산편성 요구서류 서식 각 1부
    4. 지방전환사업 예산요구 작업요령 1부
    5. 예산안 첨부서류 작성서식 1부
    6. 자체사업 요구사업 서식 1부
    7. 신규사업 체크리스트 서식 1부
    8. 2024년 당초예산 사업부서 예산편성 매뉴얼 1부
    9. (참고)한국은행 2019년 산업연관표(취업유발계수) 1부. 끝.

숨이 턱 막히지 않으십니까? 예산편성 계획 공문을 보면 누구나 짜증이 나면서 '이걸 언제 또 하나?'라는 생각만 가득할 뿐이지 '이걸 왜 해야 하지?'라는 의문은 들지 않으실 겁니다.

그렇다면 공공부문에서는 왜 예산을 편성해야만 하는 걸까요?

개인의 경우, 통장을 스쳐 지나가는 월급으로 대변되는 수입이 있고, 카드값, 공과금 등의 지출이 존재합니다.

수입 대비 지출이 적다면 그달은 아주 잘 산 겁니다. 남은 돈으로 저축하든지 자신을 위해 큰맘 먹고 사고 싶은 걸 질러 버릴 수도 있을 테니까요. 수입과 지출이 동일하다 하여도 나름 선방한 거지요. 다음에는 지출을 조금 줄여야겠네 하고 넘어가면 그만입니다.

만약 수입 대비 지출이 많아지게 되면 그때는 조금 곤란해집니다. '아놔~ 그때 그걸 사지 말아야 했는데, 술을 너무 많이 마셨네' 하면서 카드값을 어떻게 메워야 할 지 고민에 빠지게 되지만 그래도 큰일까지는 아닙니다. 마이너스 통장이나 대출로 메울 수도 있고, 급하면 지인에게 잠시 빌려서 다음 달에 갚아도 무방하니까요.

그렇게 개인이 예산을 편성하는 이유는 효율적인 가계 운영을 위한 목적입니다.

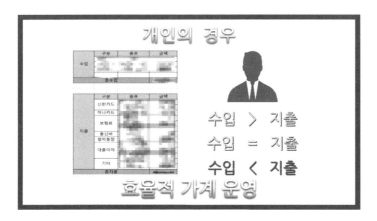

그렇다면 기업의 경우는 어떨까요?

기업은 생산품을 만드는 데 드는 원자재 값이나 인건비와 같은 비용과 그 물건들을 팔아서 발생하는 수입이 예산의 구성항목이 됩니다.

수입보다 비용이 적으면 장사를 잘한 게 됩니다. 이익금을 가지고 신사업이나 R&D에 투자를 할 수 있는 여유자금이 생기게 될 테니 말입니다.

수입과 비용이 같아져도 무방합니다. 어느 부분에 비용이 많이 발생했는지 분석하여 해당 비용을 절감해 나간다면 기업의 미래는 밝을 테니까요.

혹여나 비용이 수입을 초과한다 해도 그리 큰 문제는 일어나지 않습니다. 그동안 적립한 이익금을 활용하거나 은행 대출 등을 활용하면 위기를 극복할 수 있으니까요.

이렇듯 기업 또한 개인의 경우와 유사하게 기업의 효율적 운영을 위해 예산을 편성합니다.

하지만 공공부문의 예산은 개인이나 기업과는 완전히 다른 편성 목적을 가지고 있습니다.

세입보다 세출이 적으면 해당 잔액은 추가경정예산이나 다음 연도 예산에 사용할 재원이 됩니다.

세입과 세출이 동일한 경우에도 전혀 문제 될 것이 없는데, 문제는 세출이 세입을 초과할 수 없는 구조라는 게 핵심입니다.

공공부문의 예산은 미리 편성해 놓고 그에 맞춰 지출을 합니다. 예를 들면, 2024년도 본예산은 2023년도 말에 편성을 하는 식으로 말입니다.

그렇게 편성된 예산은 세입과 세출이 동일하게 설정이 되어 있기 때문에 세출은 남으면 남았지, 그 규모를 초과해서 사용하는 것은 불가합니다. 말 그대로 세출 규모가 세입 규모를 초과하는 경우는 세상에 존재하지 않는다는 말이지요.

만약 그러한 경우가 발생한다면 채무불이행이 되어 공공조직이 부도가 난다는 의미입니다. 유럽의 그리스가 그랬고, 일본의 조그마한 현(縣)이 예전에 그랬던 적이 있었지만, 극히 드물기에 정말 특별한 경우라 생각하는 게 합당합니다. 여기에서 공공부문의 예산을 편성하는 이유가 드러나게 됩니다.
바로 사용 가능한 돈의 한도를 정하는 작업이 되는 것이지요.

'이 사업에는 이만큼만'
'이 조직에는 이만큼만'

이렇게 한도를 정해주고 그보다 더 큰 지출을 할 수 없는 구조를 만들어 놓는 것이 바로 '공공부문의 예산편성'이고, 이것이 바로 공공부문에서 예산을 편성하는 진정한 목적이 됩니다.

3장 예산은 계획일 뿐이야

앞에서 우리는 예산의 정의를 살펴봤습니다.

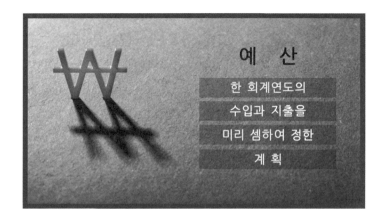

예 산

한 회계연도의
수입과 지출을
미리 셈하여 정한
계 획

그 정의를 통해 우리는 예산의 두 가지 특징을 파악할 수 있습니다.

그 첫 번째는 예산은 계획일 뿐이라는 것이고, 두 번째는 미리 정한다는 것입니다.

학창 시절에 누구나 방학 시간 계획표를 짜 보았을 텐데요. 시간 계획표를 작성할 때는 평소보다 공격적이고 의욕적이기 마련입니다.

저 또한 시간표를 짤 때는 의욕이 충만하였기에 중학교 시절부터 시간 계획표의 기상 시간은 언제나 새벽 6시로 똑같았습니다.

귀여운 꼬맹이는 지키지도 못할 담대한 계획을 세워놓고는 단 한 번도 새벽 6시에 일어나지를 못했으니, 창대한 계획은 계획일 뿐이었던 것이었지요.

이와 마찬가지로 예산도 계획일 뿐이니 예산서에 적혀 있는 숫자를 너무 절대적으로 신봉해서는 곤란합니다.

뒷장에서 설명해 드릴 테지만 전용이나 변경 사용과 같이 기존에 정한 목적 외로 사용할 수도 있고, 대 내.외 사정의 변동으로 예산서에 명시되어 있는 사업 자체를 시행하지 못할 수도 있으니까요.

생각해 보세요.

남북교류협력사업을 추진하겠다고 본예산에 편성해 놓았는데 남북관계가 악화되어 첨예한 대치 상태로 접어든다면 해당 사업을 추진하기는 매우 곤란합니다.

대규모 인원이 모이는 축제를 개최하겠다고 예산을 확보해 놓았는데 코로나19와 같은 전염병이 유행하는 상황이 닥친다면 위험을 무릅쓰고 축제를 강행할 수는 없습니다.

그러한데도 가끔 예산서가 마치 바이블인 듯 조금이라도 예산서를 벗어나기라도 하면 큰일 날 것처럼 생각하는 분들이 있습니다.

이런 분들에게는 시원하게 외쳐 주세요.

"예산은 계획일 뿐이야~"

예산의 그다음 특징은 미리 정한다는 것입니다. 먼저 편성하고 편성된 예산을 집행하는 것이 예산편성의 기본 원리입니다.

올해 사용할 예산은 전년도 말에 편성하고, 회계연도가 시작한 후 추가로 예산에 변경이 필요한 경우에는 추가경정예산을 편성한 이후에 예산을 집행하는 것이 순서입니다.

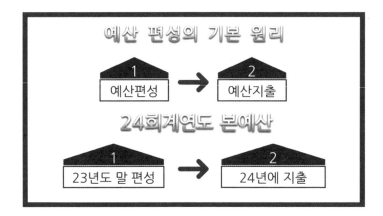

그런데 미리 정한다는 것은 아직 도래하지도 않은 미래를 예측하여야 한다는 의미이기에 현실적으로 어려운 게 당연합니다.

우리나라에 코로나19가 첫 번째로 발생한 시기가 정확히 2020년 1월이었는데요. 미리 예산을 편성하는 2019년 말에는 코로나19에 대해서는 어떠한 고려도 없이 예산을 편성할 수밖에 없었습니다.

그렇게 우리는 시간 여행자가 아니기에 미래를 다녀올 수 없는 노릇이니 예산이라는 계획서의 정확도는 낮아질 수밖에 없는 구조입니다. 그리고 아직 도래하지 않은 미래의 여러 대 내.외 상황들을 반영해야 하는 까닭에 소극적인 시선으로 예산을 편성할 수밖에 없는데요.

"경기가 좋아질 거야~ 출산율이 올라갈 거야~"처럼 긍정의 시선을 가지고 공격적으로 편성하지 않고, 예산편성 시점의 대 내·외 상황들을 기준으로 전년도를 참고하여 아주 소극적인 잣대로 세입예산을 편성하기 마련입니다.

만약 경기가 좋아질 것이라는 장밋빛 전망 속에 공격적으로 세입예산을 증액하여 잡았는데 예측하지 못한 불확실성으로 인해 경기 회복이 더디거나 더 큰 침체로 빠져버린다면 편성되어 있는 세입예산 규모보다 훨씬 적은 세입이 들어오게 될 것입니다.

그런 상황에서 지자체는 채무를 발행하거나 추가경정예산을 편성해 예산 규모를 축소하는 것 말고는 별다른 선택지가 없게 되는 외통수에 걸리기 마련입니다.

그러니 일단 소극적으로 본예산을 편성한 이후 회계연도가 시작되고 나서 실제 대내외 변동 상황의 추이를 지켜보는 것입니다.

경기가 좋아져서 세입이 많아지는 경기 상황이면 그에 맞게 신속하게 추가경정예산을 편성해 버리면 그만이니까요.

그런 까닭에 본예산을 편성한 이후 회계연도가 시작되고 나면 예산의 수정이 필요한 사업들이 생기기 마련이고, 그에 따라 어떤 지방자치단체든 예외 없이 추가경정예산을 편성하게 되는 것이지요.

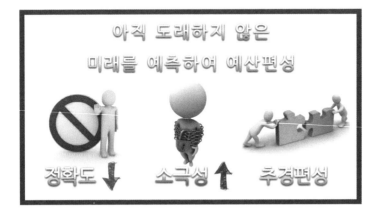

본래 예산이라는 것이 세입예산과 세출예산의 규모가 정확히 일치해야 성립하는 것이므로 그렇게 소극적으로 편성한 세입예산 규모에 맞춘 세출예산이 편성될 수밖에 없고, 그에 따라 회계연도가 모두 끝난 이후 예산집행의 결과를 짚어보는 결산을 하게 되면 무조건 세입이 세출보다 많은 구조가 될 수밖에 없는 것입니다.

그렇다면 결산은 왜 하는 걸까요?

4장 결산을 왜 하냐면 말야~

집행하기 전에 먼저 예산을 편성하는 것이 기본 원리이듯 예산 집행이 완료된 후에는 결산이 뒤따르는 것이 기본 원리입니다.

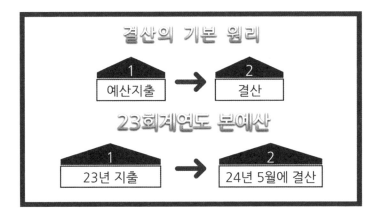

결산은 왜 해야 하는 걸까요?

그 이유를 알기 위해서는 먼저 예산이 성립하는 과정에 대한 이해가 필요합니다.

흔히 예산편성 시즌에 사업부서별로 편성을 하고 예산부서에서 사정을 하는 전체 과정은 예산안을 확정하기 위해서입니다. 이를 통칭해서 집행부의 예산안 작업이라고 부릅니다.

　그렇게 집행부에서 확정한 예산안을 의회에 제출하고 나면, 의회에서는 상임위원회와 예산결산특별위원회를 거치면서 예산안에 대한 심의, 의결을 하게 되고 이후 최종적으로 본회의에서 승인을 하면 그제야 예산이 성립하게 되는 것입니다.

　그러니까 의회에서 승인하기 전까지는 의미 없는 예산안에 불과하던 것이 의회 승인 후에는 비로소 예산으로 당당히 우뚝 서게 되는 구조인 것이지요.

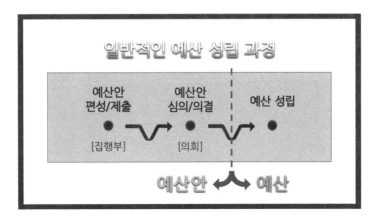

　그런 관계로 의회의 승인이야말로 예산이 성립하기 위한 필수불가결한 조건이고, 의회의 승인을 득하지 못한 예산은 세상에 존

재할 수가 없게 됩니다.

이렇게 예산이 성립되고 나면 회계연도가 개시되는 1월 1일부터 회계연도가 종료되는 12월 31일까지 집행부는 세입 활동과 세출 활동을 동시에 실시하게 됩니다.

혹자는 지방자치단체 금고에 엄청난 보유고가 있을 것이라고 생각하지만 그것은 심각한 착각인 것이, 10조라는 예산 규모를 가지고 있다는 말은 세입예산이 10조에 세출예산이 10조라는 의미인데 10조라는 거금을 금고에 쌓아두고 회계연도를 시작하는 지방자치단체는 단 한 군데도 존재하지 않습니다.

생각해 보세요.

이상적으로 한 회계연도를 다 보내고 연도 말이 되었다고 가정할 경우 계획한 세입을 모두 거둬들이고, 계획한 세출을 모두 써버린 상황이라면 지방자치단체 금고에는 잔고가 0원이 되는 것이 정상입니다.
물론 이런 경우는 없다는 걸 여러분은 이제 아셔야합니다.

앞 장에서 말씀드렸듯이 예산은 도래하지 않은 미래를 예측하여 편성하는 까닭에 소극적인 자세로 임할 수밖에 없습니다. 일반적으로 회계연도가 끝난 후 당해연도의 세입과 세출을 따져보면 무조건 세출보다는 세입이 더 많을 수밖에 없는 구조이므로 지방자치단체의 경우 세출이 세입을 초과하는 경우는 존재하지 않으니 말입니다.

이런 까닭에 결과적으로 연도 말이 되면 지방자치단체의 금고는 보유고가 그리 많지 않은 구조가 될 수밖에 없습니다. 소극적인 자세를 취한 예산편성이었던 만큼 초과해서 들어온 세입이나 지출하고 남은 잔액 정도만 금고에 남아 있을 테니까요.

만약 개인이나 민간기업이었다면 어떨까요?
남은 돈은 잉여금일 테니, 본인 뜻대로 또는 사장 마음대로 즉

시 재투자 같은 것을 할 수 있을 겁니다.

　하지만 지방자치단체의 경우는 제 맘대로 사용할 수 없도록 안전장치를 만들어 놓았는데 그것이 바로 결산입니다.

　요즘 얼마나 전산이나 기술이 발전되어 있습니까.

　그러니 회계연도가 종료되면 아마도 초과 세입이 얼마인지, 집행잔액 중 반납해야 할 돈이 얼마인지와 같은 계산은 바로바로 될 것이고, 잉여금 전체 금액과 그 중 반납과 같이 써야 할 곳이 정해진 금액을 제외한 정확한 수치가 계산될 겁니다. 기계적으로 말이지요.

　그러므로 지방자치단체의 특수성을 고려한다 하더라고 정확한 결과값이므로 그것을 그대로 사용한다고 하여 크게 문제 될 소지가 없을 것도 같지만 그것은 오산입니다.

우리가 사용하는 e-호조시스템은 AI를 차용하고 있지 않으므로 사람이 입력한 값을 표출하는 것이 기본적인 원리이므로, 사람들의 입력이 결과값에 중요한 영향을 미치기 마련입니다.

만약 특정 사업이 국비보조사업이었는데 담당자가 실수로 자체사업으로 체크하여 집행잔액 중 반납액을 0으로 잡아버리게 되는 경우가 발생했을 때, 별도의 검증 작업 없이 회계연도가 끝나고 계산된 잉여금을 사용해 버리면 반납해야 할 금액만큼 오류가 생길 수밖에 없습니다.

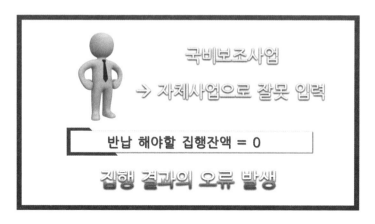

흔한 경우는 아니지만 어디 사업이 한두 개도 아니고 이런 오류가 생기지 말란 법은 없으니까요.

그래서 지방자치단체는 한 회계연도 내에서 세입예산의 모든 수입과 세출예산의 모든 지출을 확정적인 계수로 표시하는 활동인 결산을 통해 잉여금의 정확한 규모를 산출하는 작업을 거치도록 만들어 놓은 것입니다. 앞에서 말했듯이 안전장치인 것이지요. 오류가 나면 되돌릴 수 없으니 말입니다.

집행 결과의 오류를
방지하기 위한 안전장치

결 산

한 회계연도 내에서 세입예산의 모든 수입과
세출예산의 모든 지출을 확정적인 계수로
표시하는 활동

본예산을 잘못 편성하면 1차 추가경정예산에서 바로 잡으면 무방할 것이고, 1차 추가경정예산을 잘못 편성하면 2차 추가경정예산에서 바로 잡으면 그만입니다.

2차 추경예산을 잘못 편성하여도 결산 추경에서 바로 잡으면 되고, 결산 추경을 잘못 편성했으면 결산에서 바로 잡으면 아무 문제도 일어나지 않습니다.

그렇다면 결산을 잘못하게 되면 어떻게 될까요?

그건 정말 큰일인데요, 재정적으로 결산 이후의 절차는 존재하지 않기 때문입니다. 그만큼 예산 집행의 오류가 나지 않도록 결산이라는 촘촘한 안전장치를 마련해 둔 것입니다.

　　거기다 더해 예산이 성립하려면 도의회의 승인을 거쳐야 하듯이 회계연도가 종료된 후 생기게 되는 잉여금은 결산이라는 과정을 통해 도의회의 승인을 거쳐야만 지방자치단체가 사용할 수 있는 재원으로 확정이 되는 구조입니다.

　　그 과정에서 집행부가 적법하게 지출하였는지, 사업은 효과적으로 추진되었는지를 의회가 감시하고, 검증함으로써 지방의회가 집행부를 견제하기 위한 여러 절차 중 하나로 만들어 놓은 것 또한 지방자치단체가 결산을 해야 하는 이유 중 하나가 되는 것입니다.

5장 예산의 편성 원리 : 쫄보라서 그런 게 아니야

여러분께 예산에 대해서 이렇게 쉽게 설명을 드리는 이유는 예산을 만만하게 보거나 얕잡아 보라는 의미가 아닙니다. 예산은 법정 사무이기에 얕잡아 보면 큰일이 나겠지요.

다만, 예산이 그렇게 어려운 친구가 아니니까 '조금은 쉽게 손을 한번 내밀어 보세요', '너무 큰 거부감을 가지지 말아주세요'라는 의도를 가지고 기초부터 차근차근 설명해 드리는 것입니다.

예산은 만만하지 않은 친구이지만 그렇다고 거리를 둔 채로 멀리 해야 하는 친구도 아니란 점을 꼭 명심해 주시길 바랍니다.

이번 장에서는 예산을 편성하는 데 가장 기본이 되는 편성 원리에 대해 설명하겠습니다.

예산서의 표기 단위는 '천 원'이고,
결산서의 표기 단위는 '원'입니다.

이것은 이미 알고 있는 부분일 것입니다.

앞 장에서 언급했듯이 도래하지 않은 미래를 예측하여 편성하므로 정확도가 떨어질 수밖에 없는 예산의 특징과 이미 집행한 결과에 대한 정확한 수치를 산출해야 하는 결산의 특징에 의해 파생하는 결과물 중 하나입니다.

예산서에 '1'이란 숫자는 '1원'이 아니라 '1천 원'이란 의미일 텐데요. 그렇다면 '500,500원'이란 예산이 있다고 가정할 때, 예산을 어떻게 편성해야 할까요?

'500'으로 편성해야 할까요?
아니면 '501'로 편성해야 할까요?

평소 강의할 때 이렇게 물어보면 평균적으로 70% 정도의 교육생들이 '501'로 편성해야 한다고 손을 들곤 하는데, 이것은 절반은 맞고 절반은 틀린 대답입니다.

'501'이 더 많은 득표를 받는 건 아마도 반올림에 익숙한 우리 문화적 특성 때문이 아닐까 하고 추정해 볼 수 있는데, '500,200'이라도 동일한 결과가 나오는 구조로 이것이 예산을 편성하는 데 근간을 이루는 원리입니다.

세입예산의 경우라면 '500'이 맞습니다.

만약 '501'로 세입 예산을 편성한다면 들어오지도 않을 500원의 세입을 허수로 잡아 놓는 격이 되니 세입예산의 경우는 무조건 백 원 이하 단위는 버림을 선택함으로써 500원의 초과 세입이 발생하는 구조를 선택합니다.

예산은 도래하지 않은 미래를 예측하여 편성하기에 소극적인 자세로 임할 수밖에 없다는 것은 이미 여러 번 언급하였고, 그 소극성이 극대화되는 부분이 바로 세입예산입니다.

세입예산을 바탕으로 세출예산을 편성하기 때문인데, 여기서 그 유명한 양입제출(量入制出)이 등장합니다. 양입제출(量入制出)은 한자 뜻 그대로 '들어오는 양으로 나가는 양을 제한한다'는 의미입니다.

일반회계와 기타특별회계 예산편성의 원칙이지요.

무턱대고 어디 쓸지부터 정하거나, 지방채를 이만큼 내서 시드 머니(Seed money)를 확보해 놓고 예산을 편성하는 것이 아니라 대내외 경제상황을 고려한 세입예산 규모를 바탕으로 세출예산을 편성해야 한다는 의미이고, 그것이 원칙이라는 뜻입니다.

따라서 예산 규모를 결정하는 것은 엄밀히 따지면 세출예산이 아니라 세입예산이 되는 것입니다.

그럼 돌아가서 세출예산의 경우라면 '501'이 맞습니다.

만약 '500'으로 세출예산을 편성한다면 500원의 예산이 부족하여 지출하지 못하는 상황이 될 것이기에, 세출예산의 경우는 무조건 백 원 이하 단위는 올림을 선택함으로써 500원의 세출 잔액이 발생하는 구조를 선택하게 됩니다.

예산의 버림과 올림

예산액 표기단위	천원
500,000원	500
500,500원	500? 501?

세입예산	세출예산
버림	올림
초과세입 발생 → 500	세출잔액 발생 → 501

그러하기에 절대로 쫄보(?)라서 예산을 소극적으로 편성하는 것이 아니라 예산의 편성 원리가 그러하다는 것을 알아주면 고맙겠습니다.

다음 장에서는 예산의 종류에 대해 이야기해 보겠습니다.

6장 예산의 종류1 – 성과주의 예산 제도?

얼마 전 경남 밀양에 위치한 만어사를 찾아 갔었습니다.

만어사라는 조그만 절이 유명한 이유는 절 앞에 펼쳐진 어산불
영이라는 화강암 무더기 때문입니다.

주변의 지질과 판이한 화강암이 그것도 해발 700m의 위치에
수없이 펼쳐진 풍광은 처음 보면 입이 딱 벌어질 수밖에 없는 장
관입니다.

지금까지의 수많은 여행 중에 신기하거나 놀라운 광경을 많이 봐왔지만 마치 누군가가 일부러 그곳에 모아 놓지 않고서는 도저히 설명할 길 없는 만어사 어산불영은 난생처음 보는 풍광이었습니다.

하지만 예산은 만어사 어산불영처럼 태어나서 처음 본 듯한 경험을 선사하지는 않습니다. 워낙에 오랫동안 조금씩 보완해 와서 거의 99% 이상의 완전성을 보입니다. 세상에 완전한 것은 존재하지 않으니 99%라는 표현을 썼을 뿐이지 거의 무결함의 영역입니다.

그러하기에 만약 여러분이 예산을 다루면서 난관을 맞이하였다면 이미 수많은 여러분의 선배들 역시 같은 경험을 겪었던 부분일 겁니다. 때문에 만어사 어산불영처럼 난생처음 보는 모습이라고 놀라면서 탄식만 자아낼 것이 아니라 여러분의 선배들이 그러했듯 열심히 연찬하여 보란 듯이 장애물을 통과하는 여러분이 되길 바랍니다.

이번 장에서는 예산의 종류에 대해 알아보겠습니다.

평소 예산의 종류에 대해 특별히 생각 해 본 적이 없는 까닭에 많은 분들이 일반회계, 특별회계, 기금 정도 외에는 떠오르는 것이 없을 겁니다.

이건 뭐 지극히 당연한 반응이자 대부분의 공직자 분의 반응이 기도 할 터이니 이번 장을 통해 알고 간다고 생각하면 됩니다.

예산의 종류에 들어가기에 앞서 예산의 기능과 제도에 대해 알 아두면 유용한데, 예산은 크게 기획기능, 통제기능, 관리기능 등 3 가지 기능을 가지고 있고, 각각의 기능을 극대화시킨 예산제도가 존재합니다.

먼저 기획기능을 극대화한 '계획 예산제도'입니다.

1965년 미국에서 처음 도입한 이 제도는 총체적이고 합리적인 의사결정을 계획수립에 적용하여 예산까지 연계하는 시스템적 예산제도입니다.

장기적인 계획 수립을 통해 사업을 우선 정하고, 해당 사업을 달성하기 위해 예산을 투입하는 방식이기 때문에 실제 현장의 목 소리가 반영되기 어려운 단점을 가지고 있습니다.

그리고 변화무쌍한 변수들이 무수히 존재하는 현실과는 거리가 있기에 사회적으로 확고한 시스템이 형성되어 있는 미국에서만 전 세계에서 유일하게 채택하고 있는 예산제도이기도 합니다.

다음은 통제기능을 극대화시킨 '품목별 예산제도'입니다.

현재 교육자치단체에서 사용하고 있는 교육비특별회계에서 채택하고 있는 예산제도로 지출 대상을 품목별로 분류하여 지출 대상과 한계를 명확히 규정하는 통제를 위한 예산제도입니다. 2005년까지는 정부와 지방자치단체도 채택해서 사용했었습니다.

품목별 예산제도가 통제하기 딱 좋은 이유는

특정 사업별로 해당 예산을 가지고 있는 조직들이 일목요연하게 정리되어 있기 때문입니다.

그럼, 품목별 예산서를 한번 보겠습니다.

(정책) 인적자원운용 (단위) 교직원인사 (세부) 교원인사관리				(단위 : 천원)	
사업내역	목	예산		전년도 예산액	증감
		산출기초	금액		
1) 위원회참석수당및여비	210운영비	400,000원=	400		
2) 협의회	230업무추진비	180,000원=	180		
【함안교육지원청】			1,520	1,740	△220
가. 교장공모제운영			1,520		
1) 행사운영	210운영비	100,000원=	100		
2) 위원회참석수당및여비	210운영비	1,120,000원=	1,120		
3) 협의회	230업무추진비	300,000원=	300		
【창녕교육지원청】			840	600	240
가. 교장공모제운영			840		
1) 행사운영	210운영비	80,000원=	80		
2) 위원회참석수당및여비	210운영비	600,000원=	600		
3) 협의회	230업무추진비	160,000원=	160		
【고성교육지원청】			1,350	1,360	△10

'교원인사관리'라는 사업 예산을 가지고 있는 함안교육지원청, 창녕교육지원청, 고성교육지원청이 나열되어 있는 것이 보입니

다. 품목별 예산제도는 이렇게 특정사업예산을 가지고 있는 조직들을 총망라하는 방식으로 예산이 편성됩니다.

어떠세요? 감사하기 딱 좋아 보이지 않으신가요?

품목별 예산제도가 통제하기 이상적인 특성이 있다는 것은 현재 지방자치단체가 채택하고 있는 성과주의 예산서와 비교해 보면 더욱 명확해집니다. 성과주의 예산제도는 품목별 예산제도를 채택하여 사용하던 정부와 지방자치단체가 2006년부터 채택하기 시작한 관리기능을 극대화한 예산제도입니다.

예산의 투입을 기능별, 사업계획별, 활동별로 분류하고 편성하여 예산의 지출에 의해 나타나는 성과와의 관계를 명백하게 볼 수 있도록 한 제도입니다.

부서: 창업지원단
정책: 경남 창업 생태계 육성(산업·중소기업및에너지/산업진흥·고도화)
단위: 창업 정책 추진
(단위:천원)

부서·정책·단위(회계)·세부사업·편성목		예산액	전년도 예산액	비교증감
창업지원단		10,768,915	10,897,200	△128,285
	균	205,757		
	도	10,563,158		
경남 창업 생태계 육성(산업·중소기업및에너지/산업진흥·고도화)		10,730,758	10,853,200	△122,442
	균	205,757		
	도	10,525,001		
창업 정책 추진		1,028,728	2,631,900	△1,603,172
경남 창조경제혁신센터 운영지원(국가직접지원)		1,000,000	2,000,000	△1,000,000
308 자치단체등이전		1,000,000	2,000,000	△1,000,000
13 공기관등에대한경상적위탁사업비		1,000,000	2,000,000	△1,000,000
○창조경제혁신센터 운영지원		1,000,000		

특정 조직에서 수행하는 사업에 대해 분야와 부문별로 구분하여 정책사업, 단위사업, 세부사업까지 명시함으로써 어떠한 사업에 예산이 얼마나 지출되는지를 한눈에 볼 수 있습니다.

만약 여러분이 어느 기관에 감사를 갔다고 가정한다면 성과주의 예산서와 품목별 예산서 중 어느 것이 감사하기가 편할까요?

만약 하나의 조직만을 가지고 있다면 당연히 성과주의 예산서가 유용하겠지만 여러 조직이 있는 기관이라면 품목별 예산서가 훨씬 감사에는 최적화되어 있다 생각할 것입니다.

문제가 예상되는 사업에 대해 해당 예산을 가지고 있는 부서들이 총 망라되어 있으니 말입니다.

그러므로 품목별 예산제도는 통제의 목적이고, 성과주의 예산제도는 관리의 목적을 가진다고 할 것입니다.

이제 전처리가 끝났으니 다음 장에서는 본격적으로 예산의 종류에 대해 알아보겠습니다.

본 장을 통해서 알게 되는 예산의 종류가 여러분이 평생 공직자 생활을 하면서 접하게 될 예산의 전부라고 생각해도 좋습니다.
 다시 말해 여기에 언급되지 않는 예산이 나왔다 하면 몰라도 된 다고 생각하면 됩니다. 그것은 별로 중요하지 않으니까요.

 예산의 종류는 크게 성질, 경비 계산방법, 성립형식별로 나눠 볼 수 있습니다.

 우선 예산의 성질에 따라 일반회계, 특별회계, 기금으로 나눌 수 있습니다.

 일반회계는 자치단체의 고유업무를 수행하기 위해 자치단체별 1개씩 설치할 수 있는 한 회계연도의 기초가 되는 예산입니다.
 그런데 자치단체의 업무라 하면 정해진 틀이 아닌 특수한 상황 적 요인들이 발생하는 경우가 비일비재하기에, 이럴 때 활용하기 위해 특별회계와 기금이 존재합니다.

특별회계는 공영기업이나 특정 사업을 전문적으로 운영하기 위해 여러 개를 설치할 수 있습니다. 일반적으로 상·하수도 특별회계, 공기업 특별회계와 같이 활용하고 있습니다.

여기까지의 예산, 즉 일반회계와 특별회계까지가 공식적인 예산이라 할 수 있습니다.

왜냐하면 예산의 크기를 나타내는 데는 예산 규모라는 용어를 사용하는데, 예산 규모는 일반회계와 특별회계의 합으로 산출하기 때문입니다. 기금은 대외적으로 공표되는 예산 규모에 포함조차 되지 않는다는 의미입니다.

그만큼 독특한 성질을 가진 기금은 신속하고 탄력적으로 사업을 운영하기 위해 여러 개를 설치할 수 있는데, 중소기업육성기금, 지역개발기금, 농어촌진흥기금과 같이 특별한 목적을 위하여

운용하고 있는 특성을 가진 것이 바로 기금입니다.

그러한 특성으로 인해 '예산 완전성의 원칙'의 예외로 세입세출 예산 외로 운영할 수밖에 없으니 별동대 같은 느낌이 강합니다. 실제로도 지자체에서 운영하는 기금은 담당자 혼자만의 업무로 수면 아래에서 표나지 않게 진행되는 것이 다반사입니다.

다음으로는 경비계상방법에 따라 순계예산과 총계예산으로 나눠볼 수 있습니다.

총계예산은 전체 재정을 명확하게 파악하기 위해 재정 관련 일체의 수지를 계상하는 방식이고, 순계예산은 회계 간 거래나 동일 회계 내 계정 간 거래 등의 동일한 재원이 중복되는 경우 해당 예산을 차감하여 계상하는 방식입니다.

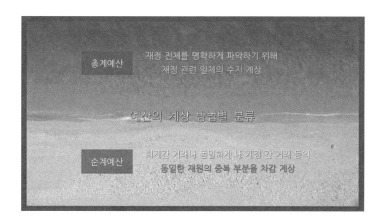

총계예산　재정 전체를 명확하게 파악하기 위해 재정 관련 일체의 수지 계상

예산의 계상 방법별 분류

순계예산　회계간 거래나 동일회계 내 계정 간 거래 등의 동일한 재원의 중복 부분을 차감 계상

　예를 들면, 어느 지자체 상하수도사업소에서 상수도특별회계를 운용한다고 가정했을 때, 어느 날 사업소장이 새로 부임했는데 이 분이 장사의 신인 겁니다.

　그해 엄청난 흑자를 기록하면서 이익 잉여금이 5억 원이나 발생하였고, 지자체장에게 잘 보이려고 사업소장이 이익잉여금을 일반회계로 전출하면서 생색을 내고 싶은 상황입니다.

　이러한 상황일 때 해당 이익잉여금을 일반회계로 전출하려면 상수도특별회계 세출예산에 5억 원을 편성해야 하고, 일반회계 세입으로도 5억 원을 편성해야 할 것입니다. 예산은 일단 편성을 해야만 집행하든, 세입을 거둬들이든 이후의 액션이 가능하니까요.

이 경우, 일반회계와 특별회계의 합으로 산출하는 것이 예산규모이므로, 총계예산 규모는 10억 원이 카운트됩니다. 재원의 동일성은 전혀 고려되지 않고 모두 다 더해버리는 구조이니까요.

하지만 순계예산의 경우는 상수도특별회계에서 전출하는 재원과 일반회계에서 세입 처리하는 재원이 동일하므로 어느 한쪽을 차감하게 됩니다. 따라서 순계예산 규모는 5억 원으로 카운트 되는 것입니다.

다시 말해 중복계상을 허용하면 총계예산, 중복계상을 허용하지 않으면 순계예산이 된다는 의미입니다.

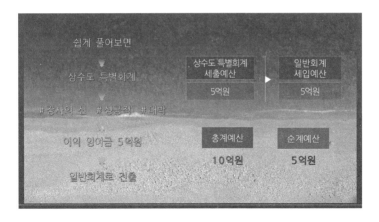

끝으로 예산 성립 형식에 따라 우리에게 익숙한 본예산, 추가경정예산 등으로 나눠볼 수 있습니다.

예산은 의회의 승인을 거쳐 성립되는 것이 일반적인 예산의 성립 과정이라고 앞에서 이미 언급했습니다.

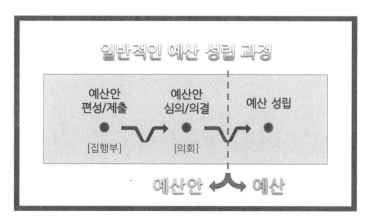

이 예산 성립 과정을 회계연도가 개시되는 1월 1일 이전에 하게 되면 그 예산을 '본예산'이라고 합니다. 본래의 예산이라는 아주 쉽고 이해도가 높은 용어입니다.

그런데 이렇게 쉽고 좋은 말을 놔두고 대부분의 공직자는 이 예산을 '당초예산'이라고도 부르는데 이건 정말 잘못된 표현입니다.

왜냐하면 당초예산은 미리 정해져 있는 예산이란 뜻으로 동일한 종류의 직전 회차 예산을 의미하기 때문입니다.

그러니까 2024 회계년도 본예산을 편성한다고 할 경우에 당초예산은 2023 회계연도 본예산이 되지만, 2024 회계연도 2회 추가경정예산을 편성한다고 할 경우의 당초예산은 2024 회계연도 1회 추가경정예산이 되는 것입니다.

그러므로 당초예산 대신 책에 나오고 알기 쉬운 본예산이라는 용어를 사용하기를 권합니다.

만약 위의 예산성립 과정을 회계연도가 개시된 이후에 거치게 된다면 그것은 추가경정예산이 됩니다.

아직 도래하지 않은 미래의 상황을 예측하여 편성하는 예산의 특성상, 실제 운용을 해보니 기존에 편성해 놓은 본예산에 변경을 가해야 할 필요성은 반드시 생기기 마련인데, 그럴 때 편성하는 것이 바로 추가경정예산입니다.

다음은 수정예산 차례입니다.

예산을 편성하기 위해 집행부에서 작업한 예산안을 의회에 제출했는데 어느 날 지방자치단체장이 예산부서장을 불러서는 이렇게 말하는 것입니다.

"일전에 내가 현장에서 말했던 예산은 편성되어 있지요?"

큰일 났습니다. 깜박하고 예산안에 빠트려 버렸으니까요. 이번 예산을 편성하고 진급해서 나가야 하는데 까딱 잘못하면 좌천되게 생겼습니다.

이렇게 위기에 빠진 예산부서장을 구원해 줄 예산이 바로 '수정예산'입니다. 수정예산이란 집행부가 지방의회에 예산안을 제출한 이후 일부 변경할 필요성이 있을 때 수정해서 제출하는 예산을 말합니다. 보통 예산안이 의결되어 예산이 성립되기 전까지 2~3회 정도의 수정예산을 제출하는 것이 일반적입니다.

　그리고 본예산이 성립하고 회계연도가 개시되었는데 뜬금없이 쓰나미가 몰려온 겁니다. 온통 쑥대밭이 되었으니 얼마나 피해가 막심하겠습니까. 그럴 때는 국가에서 재난안전특별교부세 같은 특별자금들이 내려오곤 하는데, 그 교부세를 받은 담당자가 "아직 추경을 못해서 지출할 수 없습니다."라고 하면 얼마나 황당하겠습니까. 이런 경우 '추경성립전사용'을 하면 됩니다.

　추경성립전사용은 본예산이 성립된 이후 아직 추경 시기가 도래하지 않았을 때 본예산에 편성되지 않은 예산을 집행할 수 있게 하는 예산단일화원칙의 예외 제도이기 때문입니다.

　끝으로 남은 것이 준예산입니다.

　「지방자치법」 제146조에 따르면 지방의회에서 새로운 회계연도가 시작될 때까지 예산안이 의결되지 못하면 지방의회에서 예산안이 의결될 때까지 3가지 목적을 위한 경비는 전년도 예산에 준하여 사용할 수 있다고 되어 있습니다.

　① 법령이나 조례에 따라 설치된 기관이나 시설의 유지·운영
　② 법령상 또는 조례상 지출의무의 이행
　③ 이미 예산으로 승인된 사업의 계속

　이것이 바로 준예산입니다. 특별한 사정으로 인해 회계연도 개시 이전에 예산이 성립되지 않았을 때 특정 경비들을 전년도에 준해서 사용할 수 있도록 하는 제도입니다.

　미국의 경우는 회계연도 개시 이전에 예산이 성립되지 않으면 셧다운 됩니다. 어떤 예산도 집행이 불가합니다. 공직자의 봉급도 예외가 아닙니다. 그러니 트럼프 대통령 재임시절에 멕시코 장벽 예산 때문에 셧다운 되었을 때 대통령 사비를 털어 백악관에서 직원들을 격려한다고 샌드위치 파티를 열기도 했습니다.

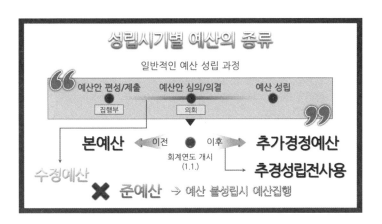

이제 예산의 종류도 알아봤으니 다음 장에서는 앞에서 언급한 예산 규모에 대해 조금 더 알아보겠습니다.

8장 예산의 규모에 대해 알려줄게~

남해 금산에는 보리암이란 유명한 절이 있습니다.

보리암은 우리나라 3대 관음 기도 도량으로 손꼽히는 절로서 두 가지가 유명한데, 첫째가 풍광이고, 둘째가 영험함입니다.

아름다운 금산을 등진 보리암에 올라 바다 위의 섬을 바라보는 풍광은 가히 환상입니다.

바다를 밑그림으로 그림의 요소가 되어 주는 섬들의 향연이 자연스러우면서도 운치 있어 시선을 돌리기조차 어려울 정도니 가보지 않은 분들은 꼭 한번 방문해 보시길 추천합니다.

이와 마찬가지로 공직 생활의 많은 배경 중에 예산이라는 하나의 요소가 자연스럽게 스며들어 좀 더 효율성을 갖고 업무를 처리하는 데 도움 되기를 바라면서 이번에는 예산규모에 대한 이야기 해 보겠습니다.

앞에서 설명했듯이 예산규모는 일반회계와 특별회계의 합으로 산출하고, 기금은 예산 완전성의 원칙의 예외로 세입세출예산외로 운영합니다.

그런데 이 예산규모를 총계예산 방식으로 나타냅니다.

총계예산과 순계예산을 구분할 수 있는 사람이라면 '순계예산으로 예산규모를 나타내는 것이 합리적 아닌가?'라고 생각하는 분들도 계실 텐데, 저도 그 부분에는 전적으로 동의합니다.

내부거래와 같이 중복으로 계상되는 부분을 제거해야만 순수한 예산규모가 산출될 것이므로, 순계예산으로 예산규모를 산출하는 것이 보다 합리적으로 보이는 건 어찌 보면 당연합니다.

하지만 일반적으로 해당 조직과 기관의 위상을 대변하는 것이 예산규모인 관계로 규모의 경제를 추구하고 외형적으로 비치는 모습에 많은 주안점을 두는 특성상 예산규모는 총계예산 방식으로 나타냅니다.

이는 원칙이 그러하니 따를 수밖에 없는 부분입니다.

우리나라 243개 지방자치단체의 예산규모에 대해 하나하나 수치를 보여드리면 좋겠지만 그것은 별 의미가 없습니다.

비슷비슷하기 때문입니다.

기초지자체의 경우 시부는 조 단위이고, 군부는 몇 천억 원 언저리의 예산규모를 가지는 것이 보통입니다.

창원시와 같이 특례시의 경우 인구도 많고 면적도 넓은 관계로 기초지자체에 어울리지 않을 정도로 많은 몇 조 단위의 예산규모를 가지고 있기도 하지만 이런 경우는 특수한 경우에 불과합니다.

그렇다면 경상남도 지자체들의 2024회계연도 본예산 규모를
보실까요?

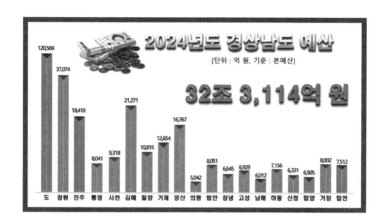

경상남도 지방자치단체 중 가장 적은 곳은 의령군으로 5천억
원 언저리이고, 가장 많은 곳은 창원시로 3조 7천억 원 규모임을
알 수 있습니다.

러시아-우크라이나 전쟁의 장기화와 대외적 불확실성이 고조
되는 요즘 추세를 고려하면 조금 더 보수적으로 예산을 편성하는
것이 좋았을 텐데 2023년 대비 예산규모가 축소된 곳은 경상도
내 지자체 중 경상남도 본청, 진주시, 남해군, 합천군 단 4곳뿐입
니다.

물론 예산규모가 크면 좋겠지요.
조직의 위상과 영향력이 커지는 것이니 두말하면 잔소리일 겁

니다. 하지만 예산규모의 증가는 적정한 세입의 증가와 함께 이루어지지 않으면 사상누각처럼 위태롭습니다.

아래 그림을 보면 무슨 의미인지 바로 알 수 있습니다.

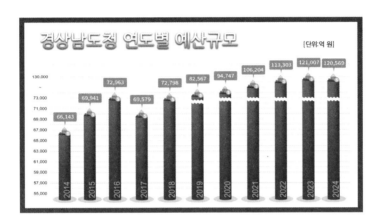

2014 회계연도 예산규모를 기준으로 조 단위를 점핑하기 위해 2개년이나 걸렸던 예전과는 달리 2017년부터는 매년 조 단위 점핑을 시작합니다.

자그마치 6년 동안 연속으로 말이지요.

그런 과정에서 경상남도청의 예산규모는 6조에서 12조로 6년 동안 두 배의 증가를 기록합니다.

물론 건실한 세입이 뒷받침되었다면 환영할 만한 일이지만 예산규모의 증가가 위태롭게 느껴졌던 이유는 지방채도 함께 증가했기 때문입니다.

1조를 넘어선 지방채는 12조를 넘긴 예산규모를 고려해 보면 미미하다고 생각할지도 모르나 현재의 금리를 생각해 보면 하루 이자가 1억 원을 훌쩍 넘기는 엄청난 빚을 지고 있다는 의미입니다.

아무것도 하지 않고 1년에 500억 원가량의 돈이 이자로 사라진다는 뜻이니까요.
물론 채무에 있어선 언제나 재정건전성과 경제 활성화라는 양 진영의 논리가 충돌하기 마련입니다.

지방채를 내지 않고 재정건전성을 표방하며 보수적으로 예산을 편성하면, 행정이 선도해서 경제를 활성화해야 하는데 뭐 하는 짓이냐고 공격받고, 반대로 지방채를 내서 경제 활성화를 표방하며 공격적으로 예산을 편성하면, 재정건전성이 엉망인데 무슨 지방채 발행이냐고 공격받곤 합니다.

양쪽 진영 모두 옳은 말입니다만 개인이나 기업이 아니라 적어도 공공기관이라면, 그것도 지방자치단체라면 지방채를 발행하는 데는 신중한 입장을 견지해야 합니다.

왜냐하면 이자 부담이 일정 수준을 넘어서 버렸을 때 그에 따른 피해는 고스란히 국민들의 미래 부담이 되기 때문입니다.

생각해 보세요.

500억 원이라는 연간 부담해야 할 이자는 앞에서 보았던 의령군의 2024 회계연도 예산규모의 1/10이나 되는 규모이고, SOC 사업을 제외하고는 단일 사업 예산이 200억 원만 되어도 전국적으로 이슈가 되는 이 판국에 어마어마한 예산이 구경도 못하고 그냥 사라져 버리게 되는 것입니다.

예전에 전국을 떠들썩하게 했던 서울시 청년수당의 첫해 예산규모가 200억 원이 안 되었으니 얼마나 큰 돈인지 체감할 것입니다.

그렇다면 시야를 전국으로 넓혀 볼까요?
전국 지방자치단체 중 예산규모가 가장 큰 곳은 바로 슈퍼시티 서울입니다.

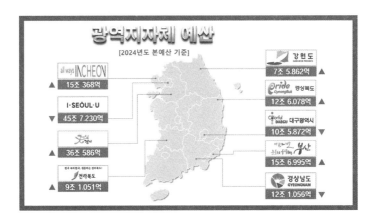

광역지자체 예산
[2024년도 본예산 기준]

all ways INCHEON
15조 368억 ▲

강원도 GANGWON PROVINCE
7조 5.862억 ▲

I·SEOUL·U
45조 7.230억 ▼

pride Gyeongbuk 경상북도
12조 6.078억 ▲

Colorful DAEGU 대구광역시
10조 5.872억 ▼

36조 586억 ▲

부산
15조 6.995억 ▲

전라북도
9조 1.051억 ▲

경상남도 GYEONGNAM
12조 1.056억 ▼

  2024 회계연도 예산규모가 자그마치 45조를 넘는 서울시가 원탑입니다. 다음으로 경기도, 부산시, 인천시 순입니다.

  전국적으로 보더라도 2024 회계연도 본예산이 전년 대비 줄어든 곳은 서울시, 대구시, 경상남도뿐입니다.
  부디 모든 지방자치단체의 예산의 증가가 견실한 세입의 증가가 뒷받침된 결과이길 바랍니다.

  그렇다면 2024 회계연도 국가예산 규모는 얼마나 될까요?
  100조? 200조? 좀처럼 가늠되지 않을 것입니다.

역대 최저의 증가율을 기록한 656조 6천억 원 정도입니다.

어마어마합니다.

이런 굉장한 예산규모를 가지고 있기에, 정부에서 대규모 투자를 한다는 뉴스가 가끔 보도되곤 하는데 단일사업에 2,000억 원 넘게 투입된다면 뭔가 웅장한 사업이 진행되는 것임을 느끼게 됩니다.

하지만 다른 서방 강대국들의 뉴스를 보면 조금 생각이 달라집니다.

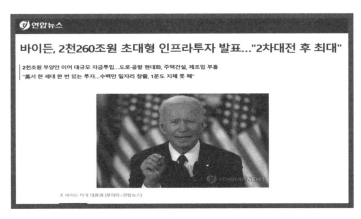

와우! 2천조가 넘는 예산을 투입한다고요?

반도체에만 23조를 투입한다고요?

이런 뉴스를 접할 때면 도대체 이런 나라들은 얼마나 많은 예산

규모를 가지고 있기에 이런 천문학적인 숫자의 투자가 가능한 거지? 하는 의문이 들기 마련입니다.

그렇다면 시야를 조금 더 넓혀 보겠습니다. 바로 세계의 예산입니다.
전 세계에서 예산규모가 가장 큰 나라는 어디일까요?
아마 어렵지 않게 정답을 예상할 것입니다. 맞습니다. 바로 미국입니다.

세계 유일의 절대 강대국입니다. 인터넷에서는 국방예산은 1,000조를 넘게 사용한다고 하여 천조국이라고 불리는 미국의 2024년 예산규모는 7천조에 육박합니다.

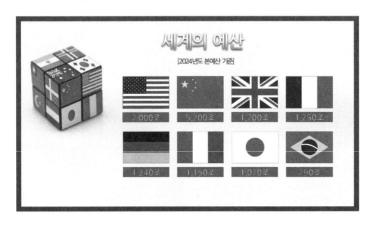

우리나라 예산규모 대비 10배를 상회하는 엄청난 수치입니다.

전 세계 2위는 중국으로 5천조를 상회합니다.

더 이상 그 옛날의 중국은 존재하지 않는, 미국에 대응할 거의 유일한 국가가 중국이 되어가고 있는 요즘입니다. 다음으로는 이름만 들으면 알 수 있는 영국, 프랑스, 독일, 이탈리아, 일본, 브라질 순입니다.

그렇게 우리나라는 세계 10위권 정도의 예산규모를 자랑하는 수준이니, 그에 상응하게 경제규모도 대단하다는 의미일 터, 대한민국 국민으로서 자부심을 느끼기에 충분한 수준입니다.

그럼, 지금까지 "예산의 규모"에 대해 알아봤으니, 다음은 1부 예산의 숲을 살펴보는 마지막 시간인, "지방예산의 과정"에 대해 알아보겠습니다.

9장 지방예산은 어떤 과정을 거칠까?

이번 장에서는 예산의 숲을 들여다보는 마지막 시간으로 지방예산의 과정에 대해 알아보겠습니다.

지방예산의 과정은 행정이 다루는 재정과 관련한 모든 활동을 총 망라한 개념이라 보면 됩니다.

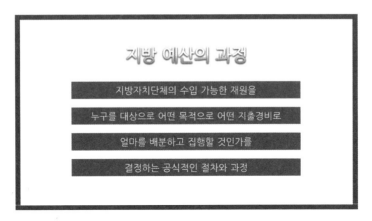

수입 가능한 재원은 세입을 의미하고, 누구를 대상으로 어떤 목적으로 얼마를 배분할 것인가는 세출예산 편성을 의미하므로 여기까지는 예산편성의 영역입니다.

거기에 더해 어떤 지출 경비로 집행할 것인가는 회계의 영역이고, 집행 결과에 대해 최종적으로 결정하고 확정하는 것은 결산의 영역입니다.

그런 관계로 지방예산의 과정은 예산편성, 회계, 결산을 모두 아우르는 개념입니다.

혹자는 회계와 결산은 예산과는 별개의 개념으로 생각하는 분들도 있습니다만 이것은 큰 오산입니다.

예산이라는 큰 분야가 있다고 가정할 때, 편성된 예산을 집행하는 행위는 기본적으로 예산 활동에 포함되지만, 이를 회계라는 세분류를 두어 지출이라고 통칭합니다.

마찬가지로 예산의 집행 결과를 승인하는 행위인 결산 또한 당연히 예산 활동 중 하나지만 회계라는 세분류 아래의 결산이라고 통칭하는 것입니다.

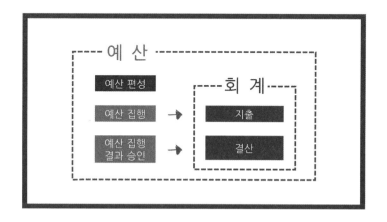

이러한 지방예산은 생성과 소멸까지 꼬박 3년이라는 시간이 걸리게 되는데, 1년 차에 이루어지는 예산편성을 시작으로 2년 차에는 편성된 예산을 집행하는 지출 과정을 거쳐, 마지막 3년 차에는 집행된 결과를 승인하는 결산을 끝으로 지방예산의 과정은 마무리가 됩니다.

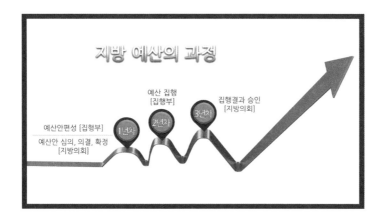

예산은 이렇게 3개년이 1세트로 이루어지기 마련이고, 이러한 과정을 거치는 것이 예산의 숙명이기 때문에 예산분야에서는 회계연도라는 표현을 많이 씁니다.

생각해 보세요.

어떤 해이든 연초에는 당해연도 예산의 집행이 이루어질 것이고, 5월이 되면 전년도 예산의 결산이 이어질 것이며, 연도 말에는 다음 연도 예산 편성을 해야 하는 구조이므로, 단순히 ○○○○년도 예산이라고 하면 혼선이 발생하지 않겠습니까.

하지만 ○○○○ 회계연도 예산 편성, ○○○○ 회계연도 예산 집행, ○○○○ 회계연도 예산 결산이라고 하면 어느 해에 해당하는 지방예산의 과정이라 할지라도 혼선이 발생하지 않게 됩니다.

쉽게 말해, 2024년에 벌어지는 예산 활동을 예로 들면 2024 회계연도 예산을 집행하면서, 5월이 되면 2023 회계연도 예산에 대한 결산 작업도 하고, 연말에는 2025 회계연도 예산 편성까지 이루어진다고 설명하면 혼선은 원천적으로 차단될 수 있을 겁니다.

그렇다면 지방 예산의 과정에 대해 분야별로 조금 더 세부적으로 들어가 보겠습니다.

먼저 1년 차의 예산분야에서는 위에서 설명했듯이 차기 연도 본예산을 편성하는 작업을 하게 됩니다.

본예산을 편성하기 위해서 필수적으로 선행되어야 할 작업이 세정분야의 세입추계인데, 가령 내년에는 경기가 어떨 것 같다, 부동산 시장이 어떨 것 같다 등등의 다양한 대내외 경제 지표를 예측하여 내년에 들어올 세금을 예측하는 작업이 바로 세입추계

71
예산의 숲, 들여다보기

입니다.

정확할까요?
네. 정확하지 않습니다.
겪어보지 않은 미래를 어떻게 정확하게 예측하겠습니까.

그렇기 때문에 세입추계는 소극적인 자세를 견지할 수밖에 없습니다.
경기가 활황이라고 나라 전체가 아무리 난리가 나더라도 세입에 구멍이 나면 큰일이 날 터이니 소극적인 자세로, 보수적으로 세입을 추정하여 예산에 계상해 놓는 것입니다.
그렇게 본예산이 편성되고 회계연도가 개시되고 나면 지방예산의 2년 차가 펼쳐집니다. 2년 차에는 편성된 예산을 집행하고, 세입을 징수하는 행위를 병행하게 됩니다.
지방자치단체 금고에는 언제나 엄청난 잔고가 있을 거라고 생각하는 분들도 있는데, 이는 희망회로에 불과합니다.

1년 내내 예산을 집행했으니 연말에는 불용액이나 반납해야 할 돈이나 이월액 말고는 금고에 다른 돈이 남아 있을 리가 없지 않습니까.
본예산 편성은 말 그대로 재정 관련 계획서에 불과하니 예산이 편성되었다 하더라도 그 돈이 통장에 "짜잔~" 하고 생길 수는 없는 노릇입니다. 그러니 회계연도가 개시되면 거의 바닥인 금고 잔액으로 시작을 하게 되고, 본격적으로 세입 징수도 하면서, 예산을 집행하게 되는 것입니다.

지방 예산의 세부 과정	1년차	2년차	3년차
예산분야	본예산 편성 및 확정	추경예산 편성 및 확정 추경 성립전 사용 예산의 목적외 사용	이월 예산 확정
회계분야		예산 집행	집행 결과 승인
세정분야	세입 추계	세입 징수	

앞에서 언급했듯이 도래하지 않은 미래를 예측하여 편성하는 것이 예산의 태생적 한계이므로 이미 편성된 본예산은 필수적으로 변경을 가하는 작업을 거쳐야 합니다.

그러니 2년 차에는 이미 성립된 예산에 변경을 가하는 추가경정예산을 편성하게 되는 것이고, 태풍과 같이 긴급하게 예산을 집행해야 하는 상황이 닥쳤을 경우 추경을 편성하기 전이라도 예산을 집행할 수 있는 추경성립전사용도 하게 됩니다.

그리고 사업 방향이나 대내외 환경 변화로 인해 당초 정해진 목적과는 다르게 예산을 사용해야 할 경우도 발생할 터이니, 이럴 때 예산의 목적 외 사용도 하게 됩니다.

추경성립전사용과 예산의 목적 외 사용에 대해서는 예산의 줄기와 잎을 자세히 보는 3부에서 상세히 설명하겠습니다.

다음으로 3년 차에는 이월된 예산을 확정하고, 재정관련 행정의 마지막 단추인 2년 차에 집행했던 예산의 집행 결과에 대해 승인하는 결산을 끝으로 예산은 사멸하게 되는 것입니다.

이렇게 풀어 놓고 보니 3년이라는 지방예산의 과정은 어찌 보면 지방예산의 생로병사 같은 느낌을 줍니다. 그래서인지 예산은 우리네 인생처럼 아주 많은 이야기와 아주 많은 사연이 숨겨져 있기 마련입니다.

예산의 숲을 보는 시간은 이것으로 모두 마쳤습니다.

이 정도면 예산의 숲이 어떻게 생겼는지 전체적인 윤곽은 눈에 들어오셨을 거라 생각하고 이제부터는 본격적으로 예산의 나무들을 살펴보겠습니다.

잘 따라오고 계시죠?

그러리라 믿고 있겠습니다. 중간에 포기하지 않고 차근차근 끝까지 따라오신 분들은 마지막 강의를 들을 때쯤, 어느새 성장한 예산 체력에 스스로 놀라게 될 터이니 부디 도중에 멈추지 않으시길 바랍니다.

2부

예산의 나무, 살펴보기

1장 예산을 편성하는 원칙

1부 예산의 숲 탐방을 끝내고, 2부에서는 본격적으로 예산의 나무에 대해 살펴겠습니다.

그럼, 지방예산의 과정 중 첫 번째 단계인 예산편성부터 출발하기에 앞서 먼저 사진 한 장 보시겠습니다.

자세히 보면 나무 위의 가지들이 서로 겹치지 않는 것을 확인할 수 있습니다. 식물학계에서는 이 현상을 'Crown Shyness(수관기피)'

라고 부릅니다.

지금까지 정확한 원인을 규명하지 못했지만 나무 아래까지 충분한 햇살이 들어오는 통로를 만들고, 나무 간 병해충의 전이를 막기 위한 자연의 법칙일 것으로 추정하는데요.

Crown Syness처럼 자연에 존재하는 수많은 법칙과 같이 예산 편성에도 일정한 원칙이 있습니다.

예산편성의 원칙 1
일반회계와 기타특별회계는 양입제출(量入制出)

예산편성의 첫 번째 원칙인 양입제출(量入制出)은 한자 그대로 들어오는 양에 따라 나가는 양을 제한하는 것을 의미하는데, 이미 "1부 5장 [예산의 편성 원리] 쫄보라서 그런게 아냐~"에서 설명했던 내용이므로 넘어가겠습니다.

일반회계와 기타특별회계를 편성하는 경우 기준이 되는 것은 세출예산이 아니라 세입예산이 된다는 점 잊지 않기를 바랍니다.

예산편성의 원칙 2
지방공기업특별회계는 양출제입(量出制入)

그런데 지방공기업특별회계일 경우에는 이야기가 달라집니다.

예를 들어, 상하수도 특별회계 예산을 편성한다고 가정할 경우, 계량기를 대량 교체하거나, 노후 수도관을 교체하는 것과 같은 필수적으로 소요되는 예산이 있다면 지출하지 않을 수는 없는 노릇일 터이니 공기업 특별회계는 일반회계와는 달리 양출제입(量出制入)의 원칙을 따르게 됩니다. 바로 예산편성의 기준액이 세입예산이 아니라 세출예산이 되는 것입니다.

정해진 세출예산 규모에 맞추어 수익자들에게 비용을 부담시킬지 일반회계에서 전출을 받을지 등의 세입 재원을 확보하는 구조가 되는 것입니다.

여기서 등장하는 용어가 수익자 부담 원칙입니다.
재화나 서비스를 제공하는 데 드는 비용을 해당 재화나 서비스의 혜택을 직접 받는 사람이 부담해야 한다는 수익자 부담 원칙은 지방공기업특별회계 운용의 핵심 원리입니다.

예산편성의 원칙 3
세입예산의 부족한 재원은 지방채로 충당

예산편성의 세 번째 원칙은 첫 번째 원칙과 연결되는 내용입니다.

세입예산 편성을 통해 기준액을 책정한 후에 필요한 세출예산을 편성해 나가다가 예산이 부족할 경우에만 지방채 발행을 고려하는 것이 원칙입니다.

 무작정 성장 위주의 예산을 편성하겠다고 지방채 몇 천억 원 발행을 못 박아 두고 예산을 편성하는 건 아주 위험한 발상인데, 그 이유는 바로 이자 때문에 발목이 잡힐 수 있기 때문입니다.

 거창하게 지방채라고 말하지만, 개인이 빚을 내면 채무가 되고, 지방자치단체가 빚을 내면 지방채가 되는 것이니 똑같은 빚입니다. 빚이 있다면 원금과 이자를 꼬박꼬박 갚아야 할 의무가 발생하게 되므로 채무가 늘면 이자 부담도 함께 늘어나는 것이 문제입니다.
 예를 들어, 지방자치단체가 연 4.0% 이율로 1조 원을 빌렸다는 것은 연간 이자 부담이 400억 원이라는 의미이고, 하루에 갚아야 할 이자가 1억 원이 넘는 상황에 직면하게 되는 것입니다.

 아무것도 하지 않고 400억 원이나 되는 엄청난 돈이 허공에 사라지는 것입니다. 물론 지방채는 발행해도 공격을 받고, 발행하지 않아도 공격받는 구조로 되어 있습니다. 재정건전성과 경제 활성화라는 두 상반된 진영의 타깃이 되기 때문입니다.

 만약 재정건전성이 악화되어 지방채를 발행하지 않고 예산을 편성하면 경제 활성화 진영에서 공격합니다.

"경기가 이렇게나 안 좋은데 말이야~ 그래도 지방자치단체가 경제를 이끌어 나가야지 이렇게 소극적으로 예산을 편성하면 어쩌냐."는 논리입니다.

지극히 맞는 말입니다.
경제가 둔화되어 있으면 인위적으로 누군가 선도해서 나가야 하는데 그 역할을 민간에서 하기에는 곤란한 측면이 있으니까요.

반대로 만약 지방채를 발행하여 예산을 편성했다면 이번에는 재정건전성 진영에서 공격을 시작합니다.

"재정건전성이 악화 일로를 걷고 있는데 도대체 생각이 있는 거냐, 사업은 아무것도 못하고 빚 갚는데 돈을 다 쓸거냐."는 논리입니다.

이 또한 옳은 말입니다.
빚에 덜미가 잡혀버리면 정작 해야 할 사업을 하지 못하거나 축소해야하는 경우가 발생할 수 있기 때문입니다.

양쪽 다 모두 맞고 옳은 말은 분명합니다.
그러하기에 재정건전성이든 경제 활성화든 어느 기조로 예산을 편성하든 간에 분명한 소신을 가져야 합니다.

"지금은 경제 활성화 보다는 이자 부담액을 고려하여 재정건전성에 무게중심을 두어야겠어."나 "지금은 이자가 부담되지만 대내외 악재로 경기가 워낙 좋지 않으니 경제 활성화 기조를 유지하지 않으면 안 되겠어."와 같이 자신이 확신하는 바를 통해 명확한 판단을 내려야 한다는 의미입니다.

한때 당연히 폐기되어야 마땅하다고 여겨졌던 원전이 채 몇 년도 지나지 않아 국가경쟁력을 위해 필요한 사업으로 재탄생하는 것이 작금의 현실입니다.

그 말인즉슨 지금은 맞는데 언젠가는 틀릴 수도 있다는 것이고, 지금은 틀린 데 언젠가는 맞을 수도 있다는 것입니다.

그런 변화와 혼돈의 시대에 길을 잃지 않고 살아가는 방법은 자신만의 확고한 소신과 명확한 논리를 갖는 것입니다.

이러한 이유로 이런 방향의 정책을 펼칠 수밖에 없었다는 확고하고 흔들림 없는 소신과 논리 말입니다.

처음부터 확고한 소신과 명확한 논리를 갖기란 어려울 겁니다.

오랜 시간 동안 아주 천천히 누적되는 성향을 갖는 것이 소신이고 논리인 까닭에 어떤 일을 하든 어떤 문제에 부딪히든 매번 생각하는 습관을 가져야 합니다.

이건 맞고, 이건 틀리고. 이건 가능하고, 이건 불가능하다처럼 자신만의 기준선을 긋는 연습을 해 나가야 합니다. 물론 처음에는 그 선이 아주 연할 수밖에 없습니다. 그러나 여러분이 매 순간 고민하고 의식하면서 기준선을 그어가는 연습을 반복한다면 언젠가는 아주 굵고 짙은 자신만의 기준선이 완성되어 가는 것을 느낄 수 있습니다.

그렇게 되면 자연스럽게 확고한 소신과 명확한 논리가 뒤따르기 마련이니, 부디 예산편성뿐만 아니라 어떤 일을 수행하든 소신과 신념을 가지고 임하길 바랍니다.

예산편성의 원칙 4
세출예산은 법령 및 조례가 정하는 범위 안에서

세출예산은 법령 및 조례가 정하는 범위 내에서 편성해야 한다는 것도 예산의 원칙 중 하나인데 대부분의 공직자가 착각하는 부분이 바로 방침에 대한 맹신입니다.

지자체장의 방침만 받으면 관련 법령이야 어떻든 간에 무조건 예산편성이 가능할 것이라는 착각을 합니다.
하지만 소관부서에서 요구하는 예산 중 90% 이상은 지자체장의 방침을 득한 예산입니다.

그러니 "이건 시장님 방침을 받았으니까 당연히 편성되겠지."하는 생각에 예산편성을 위한 어떠한 노력도 기울이지 않는다면 해당 예산은 우선순위에서 밀려 미편성될 가능성이 아주 커지기 마련입니다.

그리고 가끔 관련법령이나 조례에 위반하는 예산을 지자체장 방침을 득했다고 요구하는 경우가 있는데,

지자체장의 방침은 지자체장의 재량범위나 고유권한에 한정하여 효력을 갖는 것일 뿐이므로, 법정사무인 예산 분야에서는 지자체장의 재량이 개입될 여지가 극히 일부를 제외하고는 없는 것이 현실입니다.

따라서 아무리 지자체장의 방침을 받았다 할지라도 법령과 조례에 정하는 범위 안에서 예산을 요구해야만 합니다.

예산분야에서만은 지자체장의 방침이 법령이나 조례보다 상위에 있을 수 없다는 점을 꼭 명심하기 바랍니다.

예산편성의 원칙 5
행안부령인 예산편성운영기준에 따라

전국의 지방자치단체는 243개입니다.

이 많은 지방자치단체가 지방예산을 사용하고 있으니 일관된 편성 기준이 있어야만 혼선을 줄일 수 있습니다.

기준이 없으면 완전 중구난방에 엉망진창이 될 게 뻔하니까요. 그래서 매년 행정안전부 재정정책과에서는 행정안전부령으로 「지방자치단체 예산편성 운영기준」을 정하고 있습니다. 전국에 있는 지방자치단체가 모두 이 기준에 따라 예산을 편성하게 되지요.

그런데 예산편성에 있어 이렇게나 중요한 자료를 예산 부서가 아니면 주의 깊게 연찬하는 사람이 드문 것이 현실입니다.
물론 방대한 분량과 바쁜 일상에서 예산편성 운영기준까지 살펴보기에 시간적 여유가 없겠지만 적어도 전년과 무엇이 달라졌는지는 확인하고 예산을 편성해야 합니다.

예산과목이 없어지기도 하고, 예산과목이 새로 생기기도 하여, 자칫 예산편성 운영기준을 확인하지 않고 예산을 편성했다가 낭패를 보기 십상이니까요.

그렇기 때문에 다른 건 몰라도 예산편성 운영기준의 앞부분에 있는 '주요 개정사항'만큼은 꼭 확인하고 예산을 편성하기 바랍니다.

「2024년도 지방자치단체 예산편성 운영기준」상 전년도 대비 개정된 사항은 놀랍게도 32가지나 됩니다. 그리고 새로 생긴 예산과목이 3개나 되고, 없어진 예산과목이 2개나 되며, 명칭이 바뀐 예산과목도 1개가 있을 정도이니 왜 확인을 꼭 해보고 예산을 편성하라고 하는지 이해할 수 있습니다.

예산편성의 원칙 6
예산편성 과정에 주민 참여 기회 제공

그리고 끝으로 예산편성 과정에 주민 참여 기회를 제공하라는 원칙도 있는데 이것은 흔히 말하는 주민참여예산을 의미합니다.

주민참여예산을 편성해야 한다는 것은 강행규정이지만 한도나 제한 같은 기준이 없기 때문에 지자체별로 생색만 내는 곳도 있고,

몇 백억을 들여 주민들의 의사를 반영하는 서울시 같은 곳도 있는 것이 현실이므로 참고하기를 바랍니다.

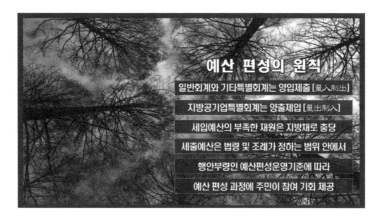

이것으로 본격적인 예산의 나무 살펴보기의 위밍업이 끝났으니, 다음 장부터는 예산을 이루는 두 가지 축인 세입예산과 세출예산에 대해 알아보도록 하겠습니다.

2장 예산 편성의 근본, 세입예산

지금 여러분께 설명하는 예산 강의는 일종의 예산이라는 방의 구조를 설명하는 것이라고 생각하면 좋겠습니다.

예산이라는 방은 전체 크기가 얼마나 되고, 방이 몇 개에, 화장실은 저쪽에, 주방은 이쪽에 있다는 전체적인 설명입니다.

그 안에 TV를 어디에 놓고, 조명을 어떻게 설치할까와 같은 디테일은 여러분이 채워나가야 할 부분으로 이 강의를 통해 모든 것을 상세하게 설명하기는 어렵습니다.

부디 오해 마시고, 관련 법령과 매뉴얼, 그리고 수많은 경험을 통해 예산이라는 방을 여러분 개개인의 방식에 따라 꾸며가길 희망하면서 얼마나 멋지게, 또 얼마나 섬세하게 꾸며나갈지는 각자의 몫이란 것을 잊지 않았으면 좋겠습니다.

그럼, 강의로 돌아가서 예산을 구성하는 두 가지 축으로는 세입예산과 세출예산을 꼽을 수 있습니다. 예산을 떠받치는 두 개의 거대한 기둥입니다.

그중 앞에서 여러 차례 설명했던 예산편성의 근본, 세입예산부터 살펴보겠습니다.

세입예산의 정의는 지방자치단체의 1회계연도에 발생이 예상되는 일체의 수입입니다.

아직 도래하지 않은 미래를 예측하여 편성하는 예산의 특성상 세입예산 또한 발생이 예상되는 수입의 전체를 의미합니다. 외부에서 들어오는 것이지요.

세입예산은 크게 지방세와 세외수입, 그리고 나머지로 분류할 수 있고, 나머지에는 지방교부세, 조정교부금, 보조금, 지방채 등이 속해 있습니다.

지방자치단체가 스스로 징수권을 가지고 능동적으로 거둬들일 수 있는 돈이 바로 지방세와 세외수입뿐이라서 그만큼 중요하다는 의미에서 세입예산의 투톱을 가리켜 자주재원, 자체수입이라고 부릅니다.

먼저 지방세 수입부터 살펴보면,
지방세 수입은 지방자치단체가 재정수요에 충당하기 위하여 관할 구역 내의 주민, 재산 또는 수익, 기타 특정 행위에 대해 아무런 대가적 보상 없이 강제로 징수하는 재화를 말합니다.

이것이 무슨 의미냐 하면 예를 들어, 주민세를 만 원 낸다고 가정해 봅시다. 그럼 만 원에 대한 대가적 보상을 받게 될까요?
아닙니다. 주민세를 납부하지만 그에 상응하는 대가적 보상은 받지 못합니다. 세금을 다 모아서 도로도 건설하고, 복지사업도 하는 시스템이니까요. 이것이 바로 대가적 보상이 없다는 의미입니다.

그런데 납부하지 않으면 어찌 될까요?

연체가 됩니다. 법으로 납부해야 하는 세금이므로 주민이면 누구나 납부를 해야 하는 것이 당연하기 때문에 강제로 징수하는 재화가 되는 것입니다.

그런 지방세와 상반된 개념이 바로 국세입니다.

여러분들이 편의점에서 음료수 하나를 사더라도 부과되는 것이 바로 10%의 부가가치세입니다. 부가가치세가 일반 국민들이 쉽게 접할 수 있는 국세의 대표선수 격이라 할 수 있고, 그 외에 국세라면 법인세, 상속세, 증여세, 주세, 증권거래세와 같이 탈 지역적, 복합적인 성격을 가지고 있습니다. 그렇다면 지방세에는 어떤 종류가 있는지 알아보겠습니다.

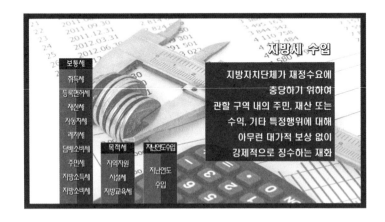

지방세는 보통세, 목적세, 지난 연도 수입으로 크게 나뉘고, 그 아래로 취득세, 등록면허세, 재산세 자동차세 등으로 나눌 수 있는데, 지방세는 어느 한 쪽으로 몰아주는 구조가 아닙니다.

다시 말해 지방세는 크게 광역지자체 소관과 기초지자체 소관으로 나눌 수 있습니다. 그중 광역지자체 소관은 특별시세, 광역시세, 도세로 구분하고, 기초지자체 소관은 구세, 시·군세로 구분합니다.

이는 지방세 중에서도 광역지자체의 세입 재원이 되는 것과 기초지자체의 세입 재원이 되는 것이 나뉘어져 있다는 의미로 특별·광역시세와 구세는 특별·광역시가 종합 행정을 하는 탓에 구분하기가 애매모호하지만, 도세와 시·군세는 명확하게 지리적 특성을 기준으로 나뉩니다.

지방세 세목별 구분		
	도세	시군세
보통세	취득세, 등록면허세, 레저세, 지방소비세	주민세, 자동차세, 재산세, 지방소득세, 담배소비세
목적세	지역자원시설세, 지방교육세	

주민, 자동차, 재산은 해당 시군을 중심으로 물리적으로 존재하는 대상에 대해 부과하는 것이므로 당연히 그와 관련한 세금인 주민세, 자동차세, 재산세는 시군세인 것입니다.

거기다가 해당 지역 내의 주민들이 경제활동을 통해 발생하는 지방소득세와, 주민들이 담배를 피우면서 발생하는 담배소비세 또한 시군세이겠지요.

하지만 취득세와 같이 부동산, 차량, 기계장비, 항공기, 선박, 어업권, 골프회원권 등을 취득한 자에게 부과하거나 등록면허세와 같이 재산권과 기타 권리를 등록하려는 자, 면허를 받는 자에 대해 부과하는 등의 지역적인 한계가 아니라 권리라는 개념이 들어가는 복합적인 형태의 지방세는 모두 도세로 분류합니다.

경마, 경정, 경륜 등의 이용자에게 과세하는 소비세 성격의 세금인 레저세의 경우도 해당 시설이 특정 지역에 존재하지만 주변 도민들이 모두 이용하는 개념이므로 시군세가 아닌 도세로 분류하는 것입니다.

국세인 부가가치세수 중 일부를 지방에 배분하는 지방소비세 또한 특정 시군으로 한정되는 것이 아니라 도세로 들어와서 시군에 배분되는 조정교부금의 재원으로 활용되는 구조이고, 그 외 목적세는 모두 도세로 도의 세입 재원이 되는 것입니다.

다음으로 알아볼 것은 세외수입입니다.

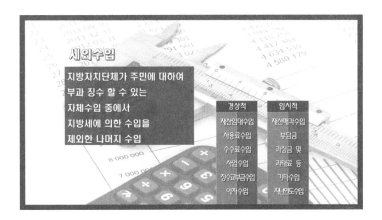

세외수입은 자체 수입 중 지방세를 제외한 나머지를 말합니다. 재산임대수입, 사용료수입 등과 같이 특정하여 계상할 수 있는 것들은 경상적 세외수입이라 하고, 과징금 및 과태료 등과 같이 특정할 수 없는 것들은 임시적 세외수입으로 분류합니다.

자체 수입이 중요하다 보니 관련된 통계자료도 많은데, 그중 가장 유명한 것이 재정자립도입니다.

재정자립도는 지방자치단체의 재정적 자립 수준 또는 경제적 자치능력을 나타내는 지표로 일반회계에서 지방세와 세외수입, 즉 자체 수입이 차지하는 비율을 백분율(%)로 표시합니다.

2023년 전국 평균 재정자립도는 50.1%밖에 되지 않습니다.

　"에게~ 이것밖에 안 돼?" 말하는 분들도 계시겠지만 더 놀라운 것은 전국 도 평균은 39.2%에, 전국 시 평균은 32.3%로 기초지자체로 내려갈수록 재정자립도는 더욱 열악한 수준입니다.

　급기야 전국에 있는 군 평균은 16.6%밖에 되지 않아 자립이 불가능한 수준이기에 안타깝게도 기초지자체일수록 지방교부세에 목을 매는 촌극이 발생하는 것입니다.

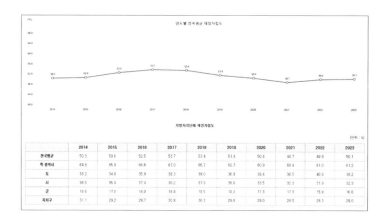

	2014	2015	2016	2017	2018	2019	2020	2021	2022	2023
전국평균	50.3	50.6	52.5	53.7	53.4	51.4	50.4	48.7	49.9	50.1
특·광역시	64.8	65.8	66.6	67.0	65.7	62.7	60.9	58.9	61.0	61.2
도	33.2	34.8	35.9	38.3	39.0	36.9	38.4	36.5	40.0	39.2
시	36.5	35.9	37.4	38.2	37.6	36.9	33.5	32.3	31.9	32.3
군	16.8	17.0	18.0	18.8	18.5	18.3	17.3	17.5	15.9	16.6
자치구	31.1	29.2	29.7	30.8	30.3	29.8	29.0	28.5	28.3	29.0

자체수입을 제외한 나머지 세입 재원은 지방교부세, 조정교부금, 보조금, 지방채를 들 수 있는데 아래 그림을 보고 참고하시면 됩니다.

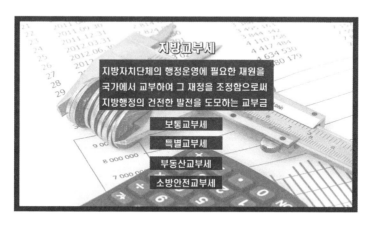

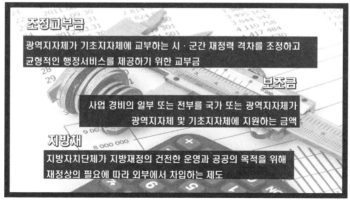

이 중에서 지방채에 대한 개념 중 혼동하기 쉬운 부분이 있는데 바로 채무와 부채입니다. 채무와 부채는 같은 의미일까요? 아니면 다른 의미일까요?

대부분의 사람이 다르다는 것은 알겠는데 정확히 어떻게 다른지는 잘 모르는 것 같습니다.

채무는 채무자가 채권자에게 일정한 급부(給付)를 해야 할 경제적 의무를 말하고, 부채는 과거의 거래나 사건의 결과로 현재 부담하고 있고, 미래에 부담이 예상되는 경제적 의무를 말합니다.

이렇게 정의를 통해 살펴보면 좀 어렵지만 쉽게 설명하자면

요즘 코인이 엄청 핫하지만, A라는 사람의 수중에 돈이 없습니다. 그래서 친구 B에게 한 달 동안 5백만 원만 빌려달라고 했는데 냉정한 친구 B가 이렇게 답을 합니다.

"나는 코인 안 했으면 좋겠다. 근데 네가 무조건 해야 한다면 한 달 안에 못 갚았을 때 백만 원 더해서 6백만 원 줄 수 있겠나?"

보통 같았으면 "에이 더럽다~" 하면서 치웠을 텐데 코인이 워낙 핫하니까요 A는 알겠다고 하면서 친구 B로부터 오백만 원을 빌리게 됩니다.

이 상황에서 A의 채무는 5백만 원이 됩니다.

빌린 돈이 5백만 원이니 당연합니다. 그렇다면 A의 부채는 얼마가 될까요?

확정적으로 빌린 돈 5백만 원에 한 달 내에 못 갚았을 때 예상되는 추가로 주어야 할 돈 백만 원까지 더해져서 A의 부채는 6백만 원이 되는 것입니다.

그러니까 채무는 확정적인 것이고, 부채는 가능성까지 다 포함한 개념입니다. 그런 까닭에 채무는 0을 만들 수 있지만, 부채는 절대 0을 만들 수가 없는 구조가 됩니다.

여기까지 세입예산에 대해 알아봤고, 다음에는 세출예산에 대해 알아보겠습니다.

어렵지 않습니다. 어렵다는 여러분의 생각만 있을 뿐이지요.

외운다 생각하지 마시고, 그냥 에세이 한편 훑어본다 생각하고 두세 번만 읽어보면 내용이 쏙쏙 머릿속에 들어오게 될 겁니다.

3장 가깝지만 너무 먼 당신, 세출예산 목그룹

예산의 수많은 요소 중 우리가 가장 많이 마주하고, 가장 자주 사용하는 것은 무엇일까요? 아마도 세출예산의 통계목일 겁니다.

예산을 집행하기 위해서는 필수적으로 통계목을 사용해야 할 것이고, 어떤 예산과목이 적합한지를 알아보기 위해서는 과목 해소 부분을 공부하기 마련인데 그 기준점은 통계목이니까요. 통계목은 세출예산 구조의 제일 하층에 위치합니다.

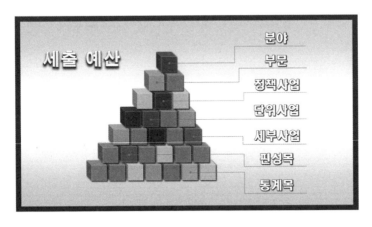

세출예산 구조는 '분야-부문' 아래에 '정책-단위-세부사업'이 있고, 그 아래에 편성목과 통계목이 차례로 위치하는 구조입니다.

'분야-부문'은 일반인들에게 친숙한 용어로 이해하기 쉽게 나눠 놓은 분류체계이므로 크게 주의를 기울일 필요가 없습니다.

'정책-단위-세부사업'은 지방자치단체의 특성이 반영되어 제각각일 것인데, 편성목과 통계목은 지방예산을 사용하는 전국 243개 지방자치단체가 동일하게 사용하고 있기 때문에 '목'은 세출예산 구조의 최하층에 위치하지만 중요도로 따지면 최상위에 위치할 수밖에 없습니다.

그렇다면 편성목과 통계목을 결정짓는 요소는 무엇일까요?

그냥 아무렇게나 뒤죽박죽 조합해서 만들어 놓았을까요? 아마도 그렇지는 않을 겁니다.

예산은 법정사무임과 동시에 아주 오랜 역사를 가진 분야인 관계로 그런 과정에서 오류가 수정되고, 불합리한 점이 개선되어 거의 완성에 다다른 영역이면서 현재도 보다 더 합리적인 방향으로의 진화가 이루어지는 분야이기에 치밀한 특성을 가지고 있습니다.

편성목과 통계목을 성질별로 분류하는 기준이 되는 것은 바로 목 그룹이라는 녀석이고, 편성목의 백번째 단위로 나타냅니다.

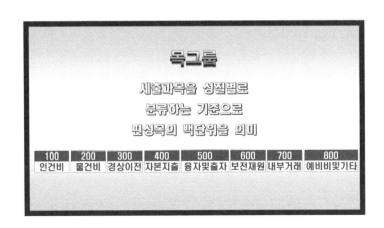

이렇게 8개의 목그룹을 기준으로 편성목이 나뉘게 되고,

그 편성목 아래에 통계목들이 위치하게 되는 구조입니다.

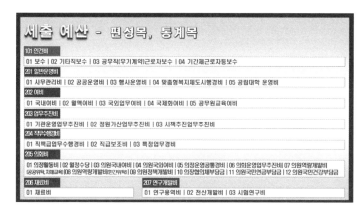

세출 예산 - 편성목, 통계목

101 인건비
01 보수 | 02 기타직보수 | 03 공무직(무기계약)근로자보수 | 04 기간제근로자등보수

201 일반운영비
01 사무관리비 | 02 공공운영비 | 03 행사운영비 | 04 맞춤형복지제도시행경비 | 05 공립대학 운영비

202 여비
01 국내여비 | 02 월액여비 | 03 국외업무여비 | 04 국제화여비 | 05 공무원교육여비

203 업무추진비
01 기관운영업무추진비 | 02 정원가산업무추진비 | 03 시책추진업무추진비

204 직무수행경비
01 직책급업무수행경비 | 02 직급보조비 | 03 특정업무경비

205 의회비
01 의정활동비 | 02 월정수당 | 03 의원국내여비 | 04 의원국외여비 | 05 의정운영공통경비 | 06 의회운영업무추진비 07 의원역량개발비(공공위탁,지체교육)08 의원역량개발비(민간위탁)09 의원정책개발비 | 10 의장협의체부담금 | 11 의원국민연금부담금 | 12 의원국민건강부담금

206 재료비
01 재료비

207 연구개발비
01 연구용역비 | 02 전산개발비 | 03 시험연구비

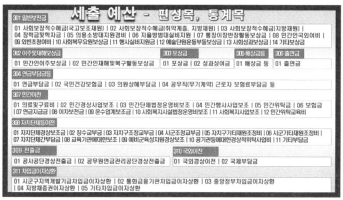

세출 예산 - 편성목, 통계목

301 일반보전금
01 사회보장적수혜금(국고보조재원) | 02 사회보장적수혜금(취약계층, 지방재원) | 03 사회보장적수혜금(지방재원) | 04 장학금및학자금 | 05 의용소방대원경비 | 06 자율방범대실비지원 | 07 통장이장반장활동보상금 | 08 민간인국외여비 | 09 외빈초청여비 | 10 사회복무요원보상금 | 11 행사실비지원금 | 12 예술단원운동등보상금 | 13 사회성과보상금 | 14 기타보상금

302 이주및재해보상금
01 민간인이주보상금 | 02 민간인재해및복구활동보상금

303 포상금
01 포상금 | 02 성과상여금

305 배상금등
01 배상금 등

306 출연금
01 출연금

304 연금부담금
01 연금부담금 | 02 국민건강보험금 | 03 의원상해부담금 | 04 공무직(무기계약) 근로자 보험료부담금 등

307 민간이전
01 의료및구료비 | 02 민간경상사업보조 | 03 민간단체법정운영비보조 | 04 민간행사사업보조 | 05 민간위탁금 | 06 보험금 | 07 연금지급금 | 08 이자보전금 | 09 운수업계보조금 | 10 사회복지시설법정운영비보조 | 11 사회복지사업보조 | 12 민간위탁교육비

308 자치단체등이전
01 자치단체경상보조금 | 02 징수교부금 | 03 자치구조정교부금 | 04 시군조정교부금 | 05 자치구기타재원조정비 | 06 시군기타재원조정비 | 07 자치단체부담금 | 08 일반기관에대한보조 | 09 예비군육성지원경상보조 | 10 공기관에대한경상적위탁사업비 | 11 기타부담금

309 전출금
01 공사공단경상전출금 | 02 공무원연금관리공단경상전출금

310 국외이전
01 국외경상이전 | 02 국제부담금

311 차입금이자상환
01 시군구지역개발기금차입금이자상환 | 02 통화금융기관차입금이자상환 | 03 중앙정부차입금이자상환 | 04 지방채증권이자상환 | 05 기타차입금이자상환

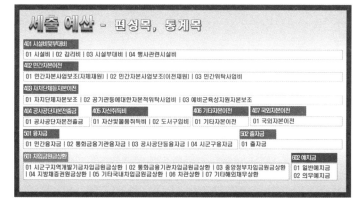

세출 예산 - 편성목, 통계목

401 시설비및부대비
01 시설비 | 02 감리비 | 03 시설부대비 | 04 행사관련시설비

412 민간자본이전
01 민간자본사업보조(자체재원) | 02 민간자본사업보조(이전재원) | 03 민간위탁사업비

403 자치단체자본이전
01 자치단체자본전출금 | 02 공기관등에대한자본적위탁사업비 | 03 예비군육성지원자본보조

404 공사공단자본전출금
01 공사공단자본전출금

405 자산취득비
01 자산및물품취득비 | 02 도서구입비

406 기타자본이전
01 기타자본이전

407 국외자본이전
01 국외자본이전

501 융자금
01 민간융자금 | 02 통화금융기관융자금 | 03 공사공단등융자금 | 04 시군구융자금

502 출자금
01 출자금

601 차입금원금상환
01 시군구지역개발기금차입금원금상환 | 02 통화금융기관차입금원금상환 | 03 중앙정부차입금원금상환 | 04 지방채증권원금상환 | 05 기타국내차입금원금상환 | 06 자관상환 | 07 기타해외채무상환

602 예치금
01 일반예치금
02 의무예치금

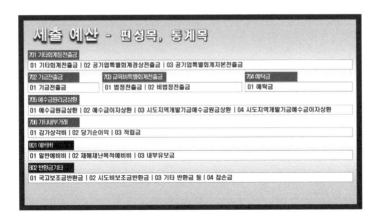

세출 예산 - 편성목, 통계목

701 기타회계등전출금
01 기타회계전출금 | 02 공기업특별회계경상전출금 | 03 공기업특별회계자본전출금

702 기금전출금
01 기금전출금

703 교육비특별회계전출금
01 법정전출금 | 02 비법정전출금

704 예탁금
01 예탁금

705 예수금원리금상환
01 예수금원금상환 | 02 예수금이자상환 | 03 시도지역개발기금예수금원금상환 | 04 시도지역개발기금예수금이자상환

706 기타내부거래
01 감가상각비 | 02 당기순이익 | 03 적립금

801 예비비
01 일반예비비 | 02 재해재난목적예비비 | 03 내부유보금

802 반환금기타
01 국고보조금반환금 | 02 시도비보조금반환금 | 03 기타 반환금 등 | 04 잡손금

이런 방식이기 때문에 200번 물건비 목그룹에 속해 있는 201-01 사무관리비 목은 400번 자본지출 목그룹에 속해 있는 402-01 민간 자본사업보조 목과는 완전히 다른 성질의 통계목이 되는 것입니다.

목그룹이 다르기 때문에 그런 것입니다.

그런 까닭에 뒤쪽에 나올 예산의 목적 외 사용 중 변경 사용의 요건을 갖춘 예산이라 할지라도 목그룹이 달라질 경우 변경 사용을 하지 못하고 전용을 해야 하는 이유가 되는 것입니다.

성질이 다른 예산이니까요.

그렇다면 목그룹 아래에 위치한 편성목, 그 아래에 위치하는 세출 예산 구조의 제일 하층민인 통계목은 과연 몇 개일까요?

자그마치 142개나 됩니다.

2024 회계연도 기준 3개의 통계목이 생기고, 2개의 통계목이 삭제된 결과물이 142개나 되는 것이지요. 그래서 매년 7월 행정안전부에서 배포하는 예산편성 운영기준의 앞부분에 위치한 '주요개정 사항'은 반드시 확인하고 예산을 편성해야 합니다.

다음은 세출예산의 두 번째 이야기로 이어가겠습니다.

4장 예산엔 정답이 없어

앞에서 언급하였듯이 2024 회계연도 예산편성 운영기준에 따르면 전국 243개 지자체에서 공통으로 사용하는 통계목은 142개나 됩니다. 엄청나지 않습니까?

저렇게나 많은 통계목들이 존재하기에 그 쓰임이 제각각일까요? 숫자가 많으니 당연히 과목 간에 중복되거나 중첩되는 쓰임이 발생되기 마련일까요?

쓰레기로 언제 어디서든 몸살을 앓고 있는 어느 해 여름, 바닷가에 떠내려온 역대 최대 쓰레기 때문에 민원이 들끓고 있었습니다.

어쩌겠습니까. 얼른 치워야지 해수욕장 한 철 장사를 망치지 않을 것 아닙니까. 그렇다면 바닷가로 밀려온 해양쓰레기는 어떤 예산과목으로 치울 수 있을까요?

그에 대한 답은 예산편성 운영기준에 나와 있는 세출예산 과목 해소 부분을 살펴보면 됩니다.

첫 번째로 '201-01 사무관리비'로 치울 수 있습니다.

과목 해소를 살펴보면 소규모 용역 제공에 대한 수수료로 사용할 수 있으니까요.

두 번째로 '307-05 민간위탁금'으로 치울 수도 있습니다.

위탁, 대행 사무에 수반되는 경비로 지출이 가능하니까요.

끝으로 '401-01 시설비'로도 치울 수 있습니다.

도로, 하천 등의 유지보수로 예산집행이 가능하니 말입니다.

이처럼 해양쓰레기를 치울 수 있는 예산과목은 어느 한 과목으로만 정해져 있는 것이 아니라 사무관리비, 민간위탁금, 시설비 등 여러 가지의 길이 존재합니다.

그러므로 예산은 정답이 없고, 저마다의 노력과 경험을 통한 자기만의 해답만 존재하게 되는 구조인 것입니다. 혹시나 "에이 그런 게 어딨어? 해양쓰레기 치우는 간단한 거니까 여러 과목으로 쓸 수도 있는 거 아냐?" 하면서 의구심을 품는 분들도 있을 텐데,

그럼, 이건 어떨까요?
어느 해 2월 친한 동생으로부터 급하게 연락이 왔습니다.

> "행님, 큰일났습니다. 누리호 구조물을 만들라는데 어떤 예산
> 과목으로 만들어야 하나요?"

다급한 동생의 질문에 급하게 연찬해서 답을 줬더랬지요.

첫 번째 '201-01 사무관리비'로 만들 수 있습니다.
임대차계약에 의한 토지, 건물, 시설, 장비, 물품 등의 임차료로 지출이 가능합니다.
역시나 사무관리비는 마법의 과목입니다.

두 번째 '401-01 시설비'로도 만들 수 있습니다.

건물, 공작물, 구축물, 대규모 기계·기구, 차량, 선박, 항공기의 신조 및 동 부대시설에 필요한 경비에 사용할 수 있으니까요.

세 번째 '405-01 자산 및 물품취득비'로 만들 수도 있습니다.

건물 및 공작물, 대규모 설비, 선박, 항공기 및 입목죽 등의 취득비로 예산을 집행할 수 있으니까요.

그러면서 만약에 나라면 무조건 사무관리비로 집행할 것이라는 단서를 부쳤습니다.

생각해 보세요.

시설비나 자산취득비로 구조물을 설치할 경우 우리의 자산으로 등록되어 매년 재물조사도 해야 하고 유지보수도 우리 예산으로 해야 할 겁니다.

거기다 만약에 정책이나 방향 등이 선회하여 해당 구조물을 철거해야 할 경우 철거 비용 또한 당연히 우리가 부담해야 할 몫이 되므로 추가적인 예산 부담이 발생하게 됩니다.

하지만 사무관리비로 구조물을 설치하였을 경우는 임차료이기 때문에 임대차계약을 작성할 때 유지보수 비용이나 철거 비용에 대해 설치업체가 부담한다는 단서 조항만 단다면 추가로 드는 예산은 전무하게 될 터이기에 예산 효율 측면에서는 무조건 사무관리비로 설치를 권고한 것이었습니다.

이렇듯 특정 목적으로 예산을 집행하고자 하는 경우에는 어느 한 과목에서만 가능하다는 정답은 없습니다.

아는 만큼 보이게 되고 보이는 만큼 쓸 수 있는 자기만의 해답이 존재하는 영역이 바로 예산 분야인 것이지요.

때문에 애초에 어떤 예산 작업을 수행할 때마다 예산편성 운영기준을 찾아보는 습관을 들였던 사람은 당장은 귀찮을런지 몰라도 시간이 흐르면 엄청난 예산 체력을 갖게 되고, 그로 인해 확고한 자신만의 예산 해답을 찾게 됩니다.

이것은 절대 단시간에 극복할 수 없는 엄청난 차이를 만들게 되고, 어느 한쪽은 예산을 잘 아는 공무원이, 다른 한쪽은 예산에 예자만 나와도 자신이 없어지는 공무원이 되는 것입니다.

속는 셈 치고 딱 한 달만 지출을 하든, 예산편성을 하든, 결산을 하든 어떤 예산 작업을 하든 간에 예산편성 운영기준을 비롯한 다양한 자료들을 뒤적이는 연습을 해보시기 바랍니다.

그렇게 하다보면 어느 순간 습관이 되고, 그 습관은 여러분에게 엄청난 예산 체력을 선사할 것이기에 나중에는 자신도 모르게 예산을 잘 아는 공무원이 되어 있을 것입니다.

예산 강의를 하는 저 또한 지금도 여전히 예산에 대한 질의를 받거나 예산 작업을 할 때는 예산편성 운영기준을 펼쳐보기도 하고, 지방재정법을 찾아보기도 하면서 혹여나 아는 것이면 리마인드하고, 몰랐거나 개정된 사항에 대해서는 다시금 깨닫곤 한답니다.

연찬해야 하는 자료라고 거창한 것들이 아닙니다. 예산편성 운영기준, 회계실무, 지방재정법, 지방자치법, 보조금 관련 법령, 사업지침, 매뉴얼, 해설집과 같은 것을 평소에 파일링해서 그때그때 찾아보면 됩니다.

업무추진비 해설집 같은 것은 구하기 어려워서 제 블로그에 올려놓았으니 자유롭게 다운로드 받아 활용하면 됩니다.

컴퓨터의 찾기 기능을 사용하면 그리 오랜 시간이 걸리지도 않으니 불편하거나 귀찮을 것도 없을 것입니다. 거기다가 '예산회계실무'라는 네이버카페에 가입하시길 추천합니다.

오래전 서울 강서구청의 내부 커뮤니티로 시작되었던 카페는 네이버 지식인처럼 묻고 답하며 오류가 정정되는 과정을 거치면서 여러분이 예산 관련 작업을 하면서 부딪히게 될 난관의 99.9%의 올바른 처리 방향에 대한 이정표 역할을 수행할 수 있는 수준까지 도달해 있는 매우 훌륭한 카페입니다.

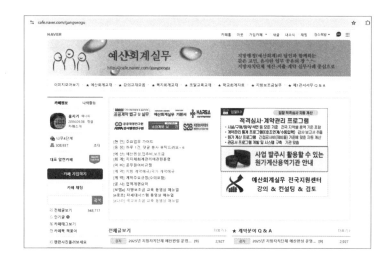

왜냐하면 예산은 그만큼 오래되었고, 돌발상황이나 이상한 케이스들 모두 여러분의 선배들이 이미 다 거쳐왔던 과정일 뿐이기 때문입니다.

그래서 도저히 방향을 못 찾겠다 싶으면 카페에 들어가서 검색을 통해 방향을 찾고 그 방향을 따라가 관련 근거 법령이나 규정을 찾아내면 일이 훨씬 수월해집니다.

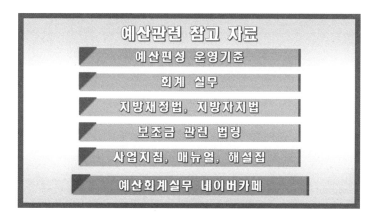

다시 한번 강조합니다.

예산은 정답이 없습니다. 자신만의 해답만 있을 뿐입니다.

자신만의 해답을 많이 찾아낸 사람은 그만큼 예산 작업을 수월하게 처리할 수 있습니다. 해답 중 가장 쉬운 길을 선택하기만 하면 되니까요.

그럼, 다음 시간에는 예산 작업을 하면서 부딪히게 되는 무수히 많은 난관을 어떻게 헤쳐나가는지에 대한 방법에 대해 알아보겠습니다.

최근 들어 AI 관련 분야가 비약적으로 발전하며 일상생활은 물론 산업 전반에도 그 분야를 넓히고 있습니다.

혹시 '워크클라우드'라고 들어보셨나요?

중요도 순으로 크기가 다른 여러 단어를 한데 모아 놓은 디자인으로 활용도가 꽤 높습니다.

예전에는 이런 것을 만든다고 하루 꼬박 걸렸던 때가 있었을 정도로 손이 많이 가는 작업이었습니다만 얼마 전 워드클라우드 생성기라는 것을 알게 된 이후로는 정말 간단하게 만들 수 있게 되었습

니다.

검색 포털에 '워드클라우드 생성기'라고 치기만 하면 해당 사이트에 접속할 수 있고, 200개 정도의 단어만 입력하면 원하는 모형, 배경, 글자체까지 손쉽게 선택할 수 있습니다.

심지어 엑셀이나 아래한글과 같이 다른 문서에 정리되어 있는 명단을 그냥 복사만 해서 붙여 넣어도 되므로 참 손쉬운 애플리케이션입니다.

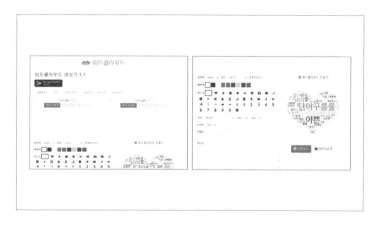

이 애플리케이션도 일종의 간단한 AI일 텐데요. 과연 인간은 이렇게 똑똑한 AI에게 지배당하지 않고 지배하며 살 수 있을까요?

어느 유튜버가 생성형 AI에게 1달러짜리 팬케이크를 만들어 달라고 하자 AI는 얼마 걸리지 않아 사진 한 장을 만들어 냅니다.

아직 AI는 '짜리'에 대한 이해도가 없는 모양입니다. 그래서 유튜버는 다시 지시를 내립니다.

"1달러 값어치의 팬케이크를 만들어줘."

그제야 AI는 '짜리'를 이해했는지 그럴듯한 1달러짜리 팬케이크를 만들어 냅니다.

이제 본격적으로 이해를 했으니 10달러, 100달러, 심지어 1,000달러까지 주문해보는 유튜버입니다.

그에 따라 AI는 그럴듯하게 작품을 만들어 냅니다.

    유튜버는 여기서 그치지 않습니다. 말도 안 되게 백만 달러짜리 팬케이크를 만들어 달라고 요구합니다. 만약 사람이었다면 헛소리 하지 말라며 그렇게 비싼 팬케이크가 어딨냐며 손사래를 치겠지만 AI는 묵묵히 그에 맞는 이미지를 만들어 냅니다.

    급기야 유튜버는 빌리언달러짜리 팬케이크를 만들어 달라고 합니다. 빌리언달러라니요. 자그마치 10억 달러, 우리 돈으로는 1조가 넘는 돈입니다. 이런 말도 안 되는 요구에도 AI는 거리낌 없이 이미지를 만들어 냅니다. 그것도 우주를 담아서 말입니다.

그리고는 마지막으로 AI에게 오묘한 명령어를 입력합니다.

"값을 매길 수 없는 팬케이크를 만들어줘."

사람이라면 엄청난 고민을 할 법도 할 텐데 AI는 뚝딱! 놀라운 이미지를 만들어 냅니다.

AI는 과연 어떻게 이런 이미지를 생각했을까요? 창의력이 있어서? 감수성이 풍부해서? 아닙니다.

AI가 이 이미지를 도출해 낸 것은 이용자에 대한 완벽한 이해의 산물이었습니다. 바로 이 유튜버의 어머니가 3년 전에 돌아가셨기 때문이지요. 이 사진을 보며 유튜버는 씁쓸한 표정으로 이렇게 말합니다.

"지금 엄마가 만들어 주는 비빔밥을 먹을 수 있다면 뭐든지 하겠어."

이 전적은 과연 누구의 것일까요?

이미 아시는 분들도 있을 겁니다. 한때 세상을 떠들썩하게 만들며 인간에게 인공지능의 두려움을 거의 처음으로 알려준 알파고의 전적입니다.

많은 분들이 기억하겠지만 1패는 2016년 이세돌 사범과의 4번째 대국의 결과였습니다. 내리 3판을 불계패 당한 이세돌 사범은 4국에서도 시종일관 수세에 몰렸습니다.

생각해 보세요.

슈퍼컴 여러 대와 인간의 지능 대결이라니요. 본래 싸움이 되지 않는 대국이었던 것입니다. 마지막 초읽기 끝에서야 겨우 수를 두던 이세돌 사범과는 달리 알파고는 말 그대로 속기로 응수합니다. 그러다 이세돌 사범의 78수가 분기점이 됩니다.

지금까지 알파고가 딥러닝 했던 수많은 프로 기사들의 기보 어디에도 양쪽 흑돌 사이에 백돌을 착수하는 경우는 찾아볼 수 없었습니다.

　이제껏 보지도 듣지도 못했던 이세돌 사범의 78수 이후에 알파고는 서너 번 실수하게 되고 이세돌 사범은 완전한 승기를 잡게 되지요.

　지금이야 신의 한 수라고 말들 하지만 대국 당시에는 모두 의아해 했던 수였고, 경기 후 인터뷰에서도 이세돌 사범은 "도저히 둘 곳이 없어서 뒀다."는 말을 남길 정도였고, 대국이 끝난 후에 알파고가 계산한 백이 78수를 둘 확률은 0.07%에 불과할 정도였습니다.

　그런데 AI가 정말 무서운 것은 알파고가 대국을 기권하면서 남긴 메시지입니다.

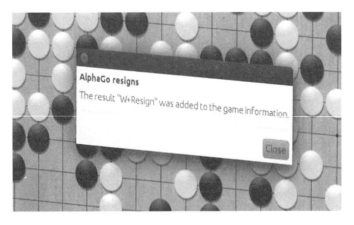

　기권은 하지만 게임 정보를 저장하겠다는 것이었습니다.

사람이었으면 억울해서 난리가 났겠지만, AI는 이 대국이 수많은 경우의 수 중의 하나일 뿐이라는 것입니다. 감정이 없으니까요.

이렇게 무서운 AI를 과연 인간이 지배할 수 있을까요? 도리어 지배당하는 건 아닐까요?

아마도 그 정답은 창의력에서 찾을 수 있을 듯합니다.

위의 사진에서의 질문을 어른들에게 하면?

각이 있다, 점이 있다, 변이 있다, 변의 길이가 같다, 노랑 계열이다, 화면의 오른쪽에 위치해 있다, 2차원이다 등등 수많은 답이 나옵니다. 기본적으로 도형이나 기하 등에 대한 학습의 결과물이 답으로 나오기 마련입니다.

그런데 이 질문을 삼각형이 뭔지 사각형이 뭔지 전혀 모르는 천진난만한 미국의 다섯 살짜리 꼬마 천 명에게 했는데, 놀랍게도 이 중 90%가 똑같은 답을 했다는 것입니다.

바로 "잘 굴러가지 않아요."

어른이 되어 가면서 우리는 수많은 학습을 하게 되고 그 결과물로 창의력을 조금씩 잃어가는 것은 아닐까요? 실제 창의력을 엄청 거창하고 대단한 것이라고 생각하는 분들이 많은데, 사실 창의력은 그리 대단한 것이 아닙니다.

자기가 하는 일에 조금 더 몰두하고 더 나은 결과물을 만들어야 겠다는 마음만 먹으면 인간이면 누구나 가질 수 있는 역량이 바로 창의력이니 말입니다.

얼마 전 부산시청 홈페이지에 접속하면 볼 수 있었던 짧은 영상에서 부산의 현재와 미래 전체를 보여주는 것처럼 말이지요. 사설이

조금 길었지만 부디 창의력을 잃지 않으시길 바라면서 예산의 장애물을 헤쳐나가는 방법을 알아보겠습니다.

예산의 영역은 너무나도 넓고 깊어 생전 처음 접하게 되는 경우가 많습니다. 그리고 알고 있다고 생각했는데 실제 "왜 그렇지?"라는 질문을 받으면 앞이 캄캄해집니다. 일반적인 현상이니 쫄지 않으셔도 됩니다.
이번 장을 잘 듣고 마치면 어떠한 예산의 장애물을 만나도 절대 당황하지 않으실 테니 말입니다.

어느 날, 자신이 속한 조직의 고위 간부의 어머님이 돌아가십니다. 그때 부서장께서 여러분에게 물어봅니다.

"업무추진비로 부의가 가능해?"

기관운영업무추진비로 경조사비를 지출할 경우
상위 직급으로의 지출도 가능한가요?
예) 국장 ➡ 부지사

이럴 경우 아래 두 가지에 대한 답을 찾아야 합니다.

1. 업무추진비로 경조사비 집행이 가능한지?
2. 업무추진비를 상위 직급으로 지출도 무방한지?

그럼 어떻게 찾아야 할까요?
주변에 언니, 형님, 친구에게 물어봐야 할까요?
아닙니다.

해당 주제와 맞는 규정을 찾아보는 게 최선의 선택입니다. 처음에는 느리다고 생각할지 몰라도 예산 체력은 그렇게 조금씩 시나브로 쌓여가기 마련입니다.

업무추진비에 대해 알아봐야 하니 업무추진비 관련 규정인「지방자치단체 업무추진비 집행에 관한 규칙」을 연찬해 보면 방향이 보일 겁니다.

「지방자치단체 업무추진비 집행에 관한 규칙」의 [별표 1]에는 업무추진비 집행대상 직무활동범위 9개가 나옵니다.

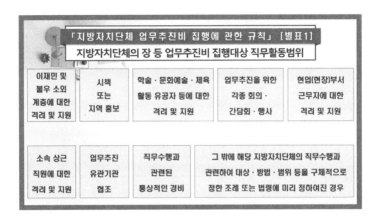

이 중에서 확실히 아닌 것을 추려냅니다.

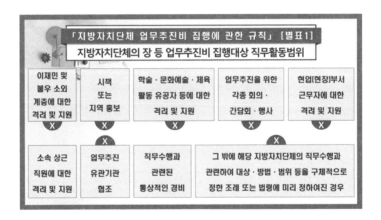

그러면 딱 두 가지만 남게 됩니다.

6. 소속 상근 직원에 대한 격려 및 지원

8. 직무수행과 관련된 통상적인 경비

그리고 이 두 가지 경우에 대해 한 단계 더 자세히 들어가 보는 겁니다.

먼저 '소속 상근 직원에 대한 격려 및 지원'에 대해 살펴보면 총 8 가지의 경우의 수가 나옵니다.

「지방자치단체 업무추진비 집행에 관한 규칙」 [별표1]
지방자치단체의 장 등 업무추진비 집행대상 직무활동범위

소속 상근 직원에 대한 격려 및 지원

가. 해당 지방자치단체 상근직원(사업소와 읍·면·동 직원을 포함한다. 이하 이호에서 같다)이 부상을 당하거나 사망한 경우 유족에게 지급하는 위로금품

나. 소속 상근직원 중 공로가 많은 퇴직 공무원에게 격려금품 지급

다. 소속 상근직원 또는 소속 부서 중 전국 단위 또는 시·도 및 시·군·구 단위 평가에서 우수한 성적으로 입상한 사람 또는 해당 부서에 대한 격려금품 지급

라. 소속 상근직원 중 수로원, 청사방호원, 주·정차단속원, 불법광고물 단속원, 그린벨트 단속원, 하천감시원, 환경미화원, 병원선 및 불법어업감시선 근무자, 운전원 등 현장 근무자에게 격려금품 지급

「지방자치단체 업무추진비 집행에 관한 규칙」 [별표1]
지방자치단체의 장 등 업무추진비 집행대상 직무활동범위

소속 상근 직원에 대한 격려 및 지원

마. 소속 상근직원에게 업무추진에 대한 격려를 위한 식사 제공

바. 소속 상근직원 중 재난, 재해, 사건사고 등으로 비상 근무하는 직원에게 격려금품 지급 및 식사 제공

사. 해당 지방자치단체의 장 또는 간부공무원이 소속 기관 또는 하급기관(시·도의 경우 시·군·구를 포함한다)을 방문하는 경우 그 기관 상근직원에게 업무추진에 대한 격려를 위한 격려금품 지급 및 식사 제공

아. 본청 상근직원 및 차하급 기관 대표자에게 연말, 설, 추석 또는 그의 생일에 자체계획과 예산에 따라 지급하는 의례적인 선물

보시면 알겠지만 경조사비에 해당하는 경우는 없습니다.

참고로 '가'의 경우는 직원이 부상이나 사망을 당하여 유족에게

지급하는 경우이므로 해당되지 않겠죠?

그렇다면 '직무수행과 관련된 통상적인 경비'에 관련 단서가 없다면 업무추진비로는 경조사비를 지출할 수는 없는 것입니다.

그런데요, 짜잔~~~~.

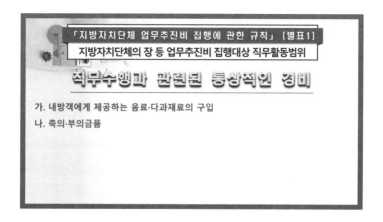

직무수행과 관련한 통상적인 경비를 살펴보면 바로 '축의·부의금품'을 발견할 수 있습니다.

이로써 우리가 품은 두 가지 의문 중 하나인
1. 업무추진비로 경조사비 집행이 가능한지?에 대한 해답은 찾았습니다.

그런데 여기서 멈추면 나머지 의문사항인

2. 업무추진비를 상위 직급으로 지출도 무방한지?에 대한 해답을 찾을 수가 없으니 멈추면 안 되겠지요.

한 걸음 더 들어가 봐야 합니다.

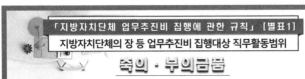

「지방자치단체 업무추진비 집행에 관한 규칙」 [별표 1]
지방자치단체의 장 등 업무추진비 집행대상 직무활동범위

축의 · 부의금품

1) 지급대상 범위: 결혼 또는 사망
2) 지급 대상자: 대상자 본인과 배우자, 본인과 배우자의 직계존비속
3) 지급 명의자별 지급 대상자 구분
가) 지방자치단체의 장 또는 후보자의 명의로 지급하는 경우
   - 소속 상근직원(본청 직원 또는 소속 차하급기관의 대표자만 해당한다)
나) "가" 외의 해당 지방자치단체 공무원 명의로 지급하는 경우
   - 소속 상근직원(본청·지방의회·사업소 소속 상근직원을 말하며, 시·군·구의 경우는 읍·면·동 직원을 포함한다)
   - 해당 지방자치단체 지방의회 의원
   - 해당 지방자치단체 관할 구역 업무 유관기관의 임직원

그런데 한 걸음 더 들어가도 딱히 직급의 방향성에 대한 해답은 찾을 수가 없습니다.

이럴 때 필요한 것이 해설집입니다. 그러니까 「지방자치단체 업무추진비 집행에 관한 규칙 해설집」을 더 찾아보아야 하는 겁니다.

이왕 출발했으니 도중에 그만두면 아니 감만 못하니 조금만 더 힘을 내시고 해설집을 구해 보는 겁니다.

해설집은 어디에 있느냐?

바로 제 블로그에 올려놨으니 다운 받아서 활용하면 됩니다.

《지방자치단체 업무추진비 집행에 관한 규칙 해설집》
▶ https://blog.naver.com/pluto411/223200225680

해설집을 살펴보면 금방 해답을 찾을 수 있습니다. 업무추진비로 경조사비를 집행할 때는 지급 명의자 본인에게 집행하거나, 아래에서 위로의 집행은 불가합니다.

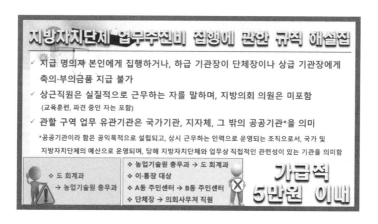

결과적으로 경조사비를 업무추진비로 집행할 수는 있지만 집행할 때에는 아래의 직위를 향해서만 집행이 가능합니다.

어떠세요?

그리 어렵지도 않고, 시간이 오래 걸리지 않습니다. 다만 여러분들이 연찬하는 습관과 아직 친해지지 않았을 뿐입니다.

창의력을 잃지 않는 노력에는 자신의 일을 더 열심히, 더 완벽하게 하기 위한 고민과 생각도 포함된다는 점 잊지 마시고 예산에 관한 어떠한 장애물을 만나더라도 겁먹지 마시고 당당하게 관련 규정에서 출발하는 습관을 길러 보시기 바랍니다.

여러분의 예산 체력이 튼튼해지는 그날까지!
파이팅~!!

완연한 가을빛을 담은 산에는 국화과 식물인 연보랏빛 벌개미취
가 한창입니다. 그와는 달리 여름을 눈부시게 수놓았던 배롱나무꽃
은 차츰 시들고 있습니다.

벌개미취와 배롱나무꽃은 서로를 별로 신경 쓰지 않습니다.

비교하거나 다투거나
시기하거나 분란을 일으키지 않고
누가 먼저 피고
누가 먼저 지는 것에
서로 민감하지도 않습니다.

삶의 초점을
오롯이 스스로에게 맞춘 채
자신의 시간을 살아가는 까닭입니다.

여러분도
누군가의 삶을 부러워하고
닮으려고 흉내 내는 대신,
세상에서 유일한 자신만의 삶을 살아가는데
집중하면 좋을 것 같습니다.

언젠가 강의를 마치고 질문 있냐고 물었더니 100명이 넘는 수강생들은 대부분 그러하듯 아무런 질문을 하지 않더군요.
그렇게 강의를 마쳤고 강의실을 빠져나오려고 하는데 헐레벌떡 두 사람이 뛰어나왔습니다.

질문이 있다는 겁니다. 꼭 알아가야 한다면서, 정말 중요한 질문이라더군요. 4시간 연강을 해서 배도 고프고 기력이 빠졌지만 어쩌겠습니까. 이리 다급해 보이는데 일단 질문을 들어봤더랬지요.

한 분의 질문은 과태료 관련 질문이었습니다.

일처리를 하다 실수를 하여 과태료를 내야 하는 지경에 이르렀다면서 아무리 연찬을 해도 어떤 예산과목으로 과태료를 납부해야 하는지 도무지 찾을 수 없다는 겁니다.
그래서 과태료를 납부할 수 있는 예산과목을 꼭 가르쳐 달라며 팀장님이 알아 오기 전에는 돌아오지 말라고 했다는 말까지 덧붙이더군요.

다른 분의 질문은 점용료에 대한 질문이었습니다.

공유재산을 점용하는 사람이 점용료를 납부하지 못하겠다며 왜 납부해야 하는지 정확한 이유를 대라고 억지를 피우고 있어 어떻게 대응할지 막막하다면서 자문을 구했습니다.

두 분의 간절함이 표정에 그대로 전해져서 주말에 연찬을 하여 알려주겠다며 일단은 연락처를 받았습니다.

먼저 과태료에 대한 결론부터 말하면 지자체가 부담해야 할 과태료를 집행할 수 있는 세출예산 과목은 존재하지 않습니다.

과태료란,
의무 이행을 태만이 한 대상에게 부과하는
징벌적 성격의 경비이고
과실에 대한 책임의 영역이므로
예산으로 집행하기에는 적절하지 않습니다.

따라서 해당 과태료를 지불해야 할 책임이 있는 공무원의 사비로 납부하는 것이 합당하고, 만약 다수의 공무원이 공동의 책임을 지고 있다면 과실 비율에 따라 개인별 부담금액을 산정하여 납부해야 합니다.

다만 관계자의 과실이 전무하고, 법령에서 규정한 절차상 국가 등에서 부과하여 납부할 수밖에 없는 상황이라면 308-14(기타부담금) 또는 201-02(공공운영비)로 집행해야 할 것입니다.

다음은 점용료입니다.

요즘 민원 중에는 근거도 논리도 없이 억지를 부리는 경우가 더러 있습니다.
자칫 강성 민원의 성화에 못이겨 법령이나 규정에 어긋나는 행정

처리를 할 경우 그 책임은 고스란히 공무원 본인에게 돌아가므로 유의해야 합니다. 점용료도 마찬가지입니다.

　　점용료는
　　공유재산의 공정한 이용을 촉진하고
　　무단 점유를 방지하기 위한 목적으로
　　부과 및 징수하게 됩니다.

　　따라서 점용 기간동안 점용지의 유지관리는 당연히 점용자의 몫이지만 점용 기간이 종료된 이후의 유지보수와 관리는 지자체의 몫이 되므로 징수한 점용료는 점용 기간 종료 이후 유지관리에 소요되는 경비로 활용되고, 관련분야의 종합적인 정책 추진 등에 사용되기도 합니다.
　　그리고 무엇보다 중요한 것은 공공이 아닌 개인이 공유재산을 점용하였을 경우 응당 이용료 개념인 점용료를 납부해야 하는 것이고, 만약 납부하지 않겠다 하여 징수하지 않았을 경우 해당 점용자 개인에게 특혜를 주는 행위가 됩니다.

　　따라서 점용료의 용처에 대한 법령적 명시는 불필요한 행위이므로 점용료의 용처에 대한 법령 근거는 존재하지 않는 것입니다.
　　이렇게 연찬한 결과를 두 분에게 보내드렸더니 마음이 담긴 감사의 답변이 돌아왔습니다.

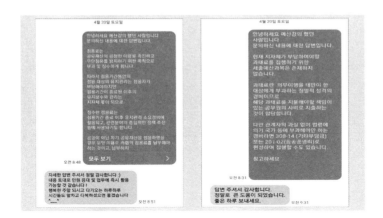

　이렇듯 예산의 세계는 참으로 많은 경우의 수와 상황이 발생하는 까닭에 아무리 연찬하고 주변에 물어봐도 답이 나오지 않는 경우가 꽤 많습니다.

　그럴 때는 연찬을 그만두고 이유도 모른 채 예전처럼 처리하거나 아니면 다른 사람들이 하는 대로 따라하는 경우가 많은데 절대 중간에 포기하면 안 됩니다.

　앞 장에서 말씀드렸듯이 예산의 난관을 맞닥뜨렸을 때는 연찬이 먼저입니다. 열심히 연찬해도 안 되면 예산 관련 더 많은 경험과 지혜를 가진 사람에게 문의를 하여 올바른 방향을 찾으셔야 합니다.

　그러한 노력을 중도에 포기해 버리면 그동안 기울인 노력이 허사가 되고 말아 버리니까요.

질문할 때는 그동안 이런저런 연찬을 하고 어떤 것들을 찾아봤지만 도저히 답이 나오지 않는다며 일련의 과정을 설명하는 편이 좋습니다. 왜냐하면 질문을 보면 그 사람이 보이기 때문입니다.

성격이 신중한지 아니면 즉흥적인지 꼼꼼한지 대충대충 하는지 그리고 의문에 관해 얼마나 고민하고 나름 공부를 했는지를 질문을 보면 단번에 알 수 있습니다.

가장 잘못된 질문은 어떠한 노력이나 고민 없이 그냥 무작정 쉽게 답을 찾고자 하는 것입니다.

이런 부류의 질문은 대부분 이런 식입니다.

　　"혹시 OO사업을 OO과목으로 지출해도 괜찮나요?"
　　"OO사업은 어떤 예산과목으로 지출해야 하나요?"

바쁘다는 핑계로 무장한 채 가타부타 사전 설명 없이 본론으로 훅 들어오는 질문을 좋아할 사람은 별로 없습니다.

이런 부류의 질문을 꽤 오랫동안 하던 사람이 있어서 어느 날인가 그 분에게 마음먹고 한마디 했더랬지요.

　　"혹시~ 궁금한 사항에 대해 개인적으로 찾아보거나 공부한
　　것이 있나요?"

그랬더니 아무 말도 못 하길래, 이렇게 이야기했습니다.

"질문에 관해 제가 그때그때 쉽게 답을 줄 수도 있습니다. 지금까지 그리해 왔고요. 하지만 그것은 주사님에게 아무런 도움이 되지 않습니다. 당장은 의문을 해결하고 방향을 잡을 수 있겠지만 스스로 고민해서 찾은 해답이 아니기에 다음에 비슷한 의문이 다시 들기 마련이고 그럴 때마다 다시 길을 잃게 될 겁니다. 그리되면 자연히 또다시 누군가에게 질문할 수밖에 없는 악순환이 반복되기 마련입니다."

이런 단편적인 질문을 하는 이는 분명 빨리 가고는 싶은데 스스로 노력하기는 싫은 유형일 가능성이 큽니다. 그리고 단편적인 질문의 가장 큰 문제는 응답자 또한 단편적으로 반응한다는 것입니다.

가는 말이 성의가 없는데 오는 말이 성의를 가질 리는 만무하니까요. 하지만 스스로 엄청난 고민을 하고 망설이고 망설인 끝에 하는 질문은 보기만 해도 안쓰럽습니다.
어떻게든 해답을 찾아 도와주고 싶은 마음이 들게 만들어 버리지요.
예를 들면 이런 식입니다.

❶ 🧑 tjsrua0362 🔒

주님 저 또 왔습니다..ㅜㅜ

제가 고민하고 있는 부분은 예산편성운영기준을 보아도 해결이 안될 것 같아서.. 조언 을 구하고싶어서 댓글을 달게 되었습니다..

저는 기초지자체 소속이여서 2025년도 예산을 짜고 있는 중입니다..

제가 편성하고 있는 예산중에
사회복지시설에 사회복지시설 법정운영비보조(307-10)로 시설운영보조금을 드리고 있습니다..
운영보조금의 대부분이 사회복지시설 종사자의 인건비로 지급이 되고요.. 80%정도는 인건비, 20%는 시설 운영비, 사업비로 이용이 됩니다..

보조금의 세부사용 내역을 시설에서 자체적으로 정해서 저희쪽으로 사업계획서, 예산사용계획서를 보내주시면, 저희가 확인,검토를 하고 보조금을 교부를 하는 방식입니다..

항상 이 보조금은 중앙에서 확정내시가 국비 : 도비 : 시비가 50 : 20 : 30으로 매칭되어 내려옵니다. 근데 이전 담당자는 이때까지 쭉 중앙에서 50 : 20 : 30으로 내려오던 확정내시에.. 시비를 더 얹어서 당초예산을 짜고 있었습니다.. 그래서 매칭비율이 중앙에서 내려오는 확정내시 국도시비 비율과는 다르게 깨진채로 45 : 18 : 36 시비 비율이 더 커진채로 예산을 매년 편성을 하고 있었습니다..

❸ 저희 사업 지침을 보면 시설 종사자 기본급 가이드라인(호봉제)이 있습니다.. 시비를 더 얹어서 못드리게 되면 이 기본급 가이드라인 따라서 맞춰줄 수 없는 예산 상황입니다..
하지만 제목이 <기본급 권고기준>이긴 하고 밑 부분에 *지자체 및 운영기관의 예산 범위 내에서 호봉을 조정,확정할 수 있으며 근로기준법 상 23년 최저임금에 저촉되지 않도록 운영.이라고 되어있긴 합니다..

확정내시를 내려줄때에, 총보조금과 금액과 그 보조금 안에서 인건비, 사업비,운영비도 엑셀표로 책정된채로 정해져서 내려옵니다..

인건비/총보조금 = 73%~74%가 되도록 중앙에서 인건비를 지정해서 내려주는것같은데
저희 시설종사자분들이 호봉이 높으셔서 그런가 인건비/총보조금이 항상 85프로가 넘습니다. (제 생각은기본급 가이드라인대로 드리고 있어서 이건 어쩔 수 없긴 한 것 같습니다.. 이 부분은 내일 도 담당자께 한번 여쭤보려고요..)
그래서 저 부분을 시비로 채웠던 것 같긴한데...(추측입니다)
그리고 시설은 법인소속이라.. 부족한 부분을 법인에서 후원금을 일부 받아서 운영비로도 사용하고 있긴 한 것 같습니다..

과장님을 설득해서 시비 얹어서 드릴 수 있도록 하는게 맞을까요?
아니면 과장님 말씀대로.. 시설종사자들에겐 죄송하지만 인건비를 깎아서라도 시비 추가편성은 안하고 매칭비율대로 가는게 맞을까요..?

❷ 아마도 중앙과 광역에서 내려오는 예산만으로는 시설의 인건비, 운영비, 사업비가 부족하여 시비를 더 얹어서 예산을 편성했던 걸로 추정됩니다.. 특히 인건비가 부족한듯 싶습니다.

그래서 저는 별 의심 없이 전임자가 했던 대로, 확정내시 비율에 시비를 더 얹어서 25년 예산을 편성하려는데, 저희 과장님께서는 시비를 더 얹어주는 거는 없다.. 얄짤없이 무조건 중앙에서 내려오는 확정내시대로 5 : 2 : 3으로 25년 예산을 내려라 하십니다.. 말씀하시는 근거는.. 중앙에서 정해준대로 해야지 임의대로 매칭 비율을 깨면 되느냐.. 이 말씀이시고 사회복지시설 종사자들 인건비가 호봉이 늘어날때마다 매년 인건비 늘어날텐데, 그럴때마다 매년 늘어나는 인건비 상승분을 항상 시비로 더 얹어서 줄거냐? 주어진 예산 안에서 가용하라고 하시는 입장이십니다..

여기서 정말 제가 난감한게 과장님 말씀한대로 시비를 이제 더이상 더 얹어서 주지 않고 중앙에서 내려오는 국비 도비 시비 매칭된 비율대로만 보조금을 드리게 되면, 종사자 인건비가 부족한 상황이 발생합니다.. 그러면 종사자들이 받고 계셨던 인건비를 깎아야 할 판이고.. 그러면 종사자분들 입장에선 받던걸 뺏기는 입장일텐데.. 이거 대체 어떤 방법으로 풀어나가야 할지 고민이 됩니다 ㅜㅜ

조금 더 저희 상황을 말씀드리자면,

❹ └ 🐶 그룻

먼저 등록한 시간과 질문의 길이를 보니
주님의 고민의 깊이가 느껴져 마음이 아프네요 ㅜㅜ

먼저 「보조금 관리에 관한 법률」 제9조, 제13조를 살펴보면
국고보조금의 기준보조율이란 전체사업에서 국비가 차지하는 비율을 의미하기에 그 외에는 의무적으로 지방비를 예산에 계상해야한다는 취지입니다.

따라서 기준보조율은 최소 예산 계상액을 명시한 것으로 만약 해당사업에 지방자치단체가 자발적으로 예산을 추가 투입할 경우 법령에 저촉되는 사항은 발생하지 않습니다.

제가 만약 주님 입장이라면
이런 스텝을 따라가 보겠습니다.

1. 타 지자체의 실정 파악
 - 국고보조사업이니 타 지자체도 수행하고 있을 동일 사업에 대해
 인건비는 어떻게 주고 있나? 주님 시군처럼 추가적인 지방비를
 투입하나? 같은 내용을 파악하면 좋겠지요.

2. 1번이 YES일 경우, 관련 자료를 만들어서
 과장님과 예산부서를 설득해야요.

❺

3. 1번이 NO일 경우, 보조비율에 맞추어 인건비를 삭감할 경우
  최저임금 기준에 적합하지 여부 검증

4. 보조사업 기준보조율에 맞추어 인건비를 삭감하기로 방향을 정했다면
  한방에 맞출지, 3개년 정도로 단계적으로 낮출지에 대한 선택을
  하셔야겠지요.

  보조사업의 인건비 삭감은 상대적으로 엄청난 반발에 직면하는
  경우가 허다해서 부메랑이 되어 돌아올 수가 있거든요.

  예산의 건전 운용을 최고 가치로 생각하는 저라면
  저는 별도의 추가적인 시군비는 투입하지 않을 겁니다.

  특정 분야의 사람들의 사정을 감안해 버리게 되면
  혹여 소문이 나서 '왜 나보다 저기는 더 많이 받지?'라는
  상대적 박탈감에 빠져서 심각한 민원과 더 많은 재정투입이
  필요한 경우가 발생할수도 있기 때문입니다.

  그리고 일종의 특혜 시비에 휘말릴 여지도 있으니까요.

  그럼 이번에도 도움이 되셨길 바래 봅니다. ^^
  2024. 9. 5. 09:47

아래 대화처럼 제가 최근에 기분 좋았던 질문과 답변의 향연도 있었습니다. 한번 보겠습니다.

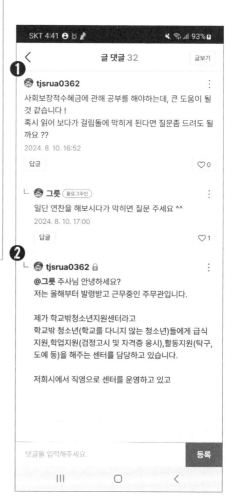

❶

SKT 4:41

글 댓글 32   글보기

🔵 tjsrua0362
사회보장적수혜금에 관해 공부를 해야하는데, 큰 도움이 될 것 같습니다!
혹시 읽어 보다가 걸림돌에 막히게 된다면 질문좀 드려도 될까요 ??
2024. 8. 10. 16:52

답글   ♡ 0

└ 🔵 그릇 (블로그주인)
일단 연찬을 해보시다가 막히면 질문 주세요 ^^
2024. 8. 10. 17:00

답글   ♡ 1

❷

└ 🔵 tjsrua0362 🔒
@그릇 주사님 안녕하세요?
저는 올해부터 발령받고 근무중인 주무관입니다.

제가 학교밖청소년지원센터라고
학교밖 청소년(학교를 다니지 않는 청소년)들에게 급식지원,학업지원(검정고시 및 자격증 응시),활동지원(탁구, 도예 등)을 해주는 센터를 담당하고 있습니다.

저희시에서 직영으로 센터를 운영하고 있고

댓글을 입력해주세요.   **등록**

[왼쪽 화면]

글 댓글 32   글보기

학교밖청소년지원센터에 직원이 3분 계시는데, 선생님들께서 행사운영비나 급식비 학업비 같은 부분 품의 올려주시는데, 저는 e호조로 그걸 지출해 드리는 방식으로 제 업무는 진행되고 있습니다.

사회보장적수혜금(국고보조재원) 15,000천원이 잡혀있더라고요. 선생님께서는 이 보조금이 너무 많이 잡혀 있는지, 행사운영비로 전용을 해주시길 원하시고.. (아마 사회보장적수혜금(국고보조재원)으로는 사용이 많이 제한이 되어서 그런 듯 싶습니다. 만약 사회보장적수혜금으로 프로그램 운영비 사용이 가능하다면, 전용을 하지 않아도 되는 상황입니다.

　1.국고보조사업에 의한 민간에 지급하는 사회보장적 현금성 수혜금 또는 물품지원비(국고보조재원+지방재원 모두 포함)
　예시) 국고보조에 의해 민간에 지급하는 보철구 제작비, 노인장기요양보험제도에 따른 노인복지시설 운영비(국민건강보험관리공단에 지급하는 예산포함)

이렇게 예산 계획 설명에 사회보장적수혜금에 관해 적혀져 있는데, 2024년 현재까지는 검정고시 교재비 ebs(계약건) 으로 지출
을 했고 절반 이상이 아직 남아있습니다.(사회보장적 수혜금은 아이들한테 사용하는 예산으로만 사용할 수 있다고 알고 있어서요(자격증 응시료, 교재 등)

↑

댓글을 입력해주세요   **등록**

||| ○   ‹

[오른쪽 화면]

글 댓글 32   글보기

궁금한 점은
1. 사회보장적수혜금(국고보조재원) 301-01 예산으로 좀 다양하게 사용할 수 있으면, 굳이 전용을 하지 않고 사용을 할 수 있지 않나 싶어서.. 사회보장적수혜금(국고보조재원)는 체험료 제공(도예 및 탁구 등), 강사비 제공 이렇게 사용을 하더라고요.
혹시 사회보장적수혜금으로 프로그램 운영비로 사용이 가능할 여지가 있을까요?..

2. 만약에 사용이 안된다면, 전용이 행사운영비로 가능할지도 궁금합니다 ㅜㅜ
2024. 8. 19. 13:15

답글

❸

ㄴ 🙂 그릇 블로그주인 🔒   ⋮

@tjsrua0362 먼저 해당 국고보조예산에 대해 지침을 확인하셔서 사용할 수 있는 한계에 대해 명확히 파악하셔야 합니다.
아마도 몇가지 예시만 있을 뿐 구체화 되어 있지 않을 확률이 클 겁니다.

그렇다면 다음은 예산편성운영기준의 세출예산 성질별 분류 상의 과목해소를 살펴봐야 하는데, 여기서는 주사님도 확인하셨겠지만 힌트가 될만한 내용이 없습니다.

참고로 해당 물품에 대해 법령, 조례 등의 명확한 근거가 있어야 한다고 소문이 났는지 모르겠지만 이는 사실무근일 듯 합니다.

↑

댓글을 입력해주세요   **등록**

||| ○   ‹

왜냐하면 만약 명확한 근거가 필요하다면 예산편성운영
기준 과목해소상에 타 과목들 처럼 해당 주석을 반드시
명기할 것이니 말이지요.
예산편성운영기준 등 어디에도 그런 말이 없어요.

때문에 해당 물품에 대한 명확한 근거가 아니라 해당 사
업에 대한 대략적인 취지에 대한 근거만 있다면 충분히
가능할 것으로
판단되거든요. ^^

다시돌아가서
그렇다면 다음 스텝은 회계관리에 관한 훈령을 확인해야
합니다.

회계관리에 관한 훈령에서 301목에 대해 집행할 수 없는
경비로
업무추진비적 경비, 의정활동 수행경비, 협의회 등 지원
경비, 일반운영비·자산취득비·업무추진비에서 집행되어
야 할 경비, 기금조성에 따른 경비 만을 적시하고 있고,
사회보장적수혜금은 정당한 채권자 여부를 확인하여 집
행할 필요가 있다는 설명과 함께 수급자에게 직접 지급
을 금지하는 내용 이외에는 별도의 제한이 없습니다.

따라서 님이 질의하신 1번에 대해 저는 집행을 하여도 무
방하다고 생각되며, 2번에 대해서는 하지 않으실 것을
권합니다.
왜냐하면 국고보조재원이 포함된 사회보장적수혜금을
301-01로 명시하며 지방재원과 철저히 분리를 한 상태
인데, 300목그룹을 200목그룹으로 전용하는 것은 ↑
운용의 취지와는 맞지 않기 때문입니다.

댓글을 입력해주세요.   등록

||| ◯   <

SKT 4:41 ☻ b 🖊   ❌ 🌐.ıl 94%🔋

<   글 댓글 32   글보기

다시 말해 300목그룹은 경상적 재원의 행정 외부로의
이동인 반면 200목그룹은 행정 내부에 사용되는 성격이
기에
200목그룹의 재원을 300목그룹의 재원으로 전용은 충
분히 가능하나 역으로의 전용은 자칫 회계의 문란을 초
래할 수 있을것이므로 제가 볼때는 완전 비추입니다.

도움이 되셨길 바랍니다. ^^

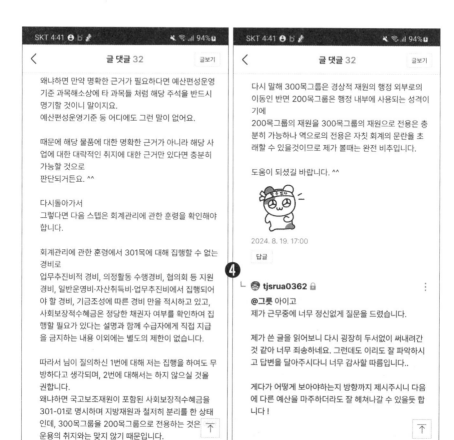

2024. 8. 19. 17:00

답글

❹

└ 🙂 tjsrua0362 🔒   ⋮
@그릇 아이고
제가 근무중에 너무 정신없게 질문을 드렸습니다.

제가 쓴 글을 읽어보니 다시 굉장히 두서없이 써내려간
것 같아 너무 죄송하네요. 그런데도 이리도 잘 파악하시
고 답변을 달아주시다니 너무 감사할 따름입니다..

게다가 어떻게 보아야하는지 방향까지 제시주시니 다음
에 다른 예산을 마주하더라도 잘 헤쳐나갈 수 있을듯 합
니다 !

↑

댓글을 입력해주세요.   등록

||| ◯   <

너무 감사드립니다.

2024. 8. 19. 18:53

답글

5 └ 😊 그릇 (블로그주인) 🔒 ⋮

@tjsrua0362 아닙니다. 질문이 아주 요점이 잘 정리
되어 요지를 파악하기 쉬웠습니다 ^^ 부디 도움이 되셨
길 바랄게요~~

2024. 8. 19. 20:16

답글

6 └ 😊 tjsrua0362 🔒 ⋮

주사님... 첫 줄에 국가보조예산에 대한 지침을 보라고 하
셨는데.. 이건 어디서 확인할 수 있을까요..??? 지침이라
고 하면 기획재정부에서 나온 설명이 따로 있는 걸까
요 ..??

제가 일하는 곳에서는 청소년사업 안내 1권 2권 이렇 안
내책을 지침이라고 칭하고있는데.. 주사님이 말씀하신
지침도 마찬가지일까요??

2024. 8. 26. 20:03

답글

7 └ 😊 그릇 (블로그주인) ⋮

@tjsrua0362 네 그게 지침겸 사업설명서입니다.

2024. 8. 26. 20:18

댓글을 입력해주세요.　　　등록

──────────────

└ 😊 **tjsrua0362** ⋮

@그릇 아하 감사드립니다 !!

2024. 8. 26. 20:18

답글　　　　　　　　♡ 0

└ 😊 그릇 (블로그주인) ⋮

@tjsrua0362 굿 럭~~~

2024. 8. 26. 20:19

답글　　　　　　　　♡ 1

1 └ 😊 tjsrua0362 ⋮

@그릇 주사님 혹시 행정규칙에 국고보조금 통합관리지
침이
주사님이 말씀해주신 국고보조예산에 대한 지침이 맞을
까요 ?

댓글을 입력해주세요.　　　등록

❷

ㄴ 🌣 그릇 블로그주인

@tjsrua0362 그건 일종의 개론이지요. 각 사업별 지침에 별도 규정된 사항이 있다면 긱론을 준용하셔야 합니다.

2024. 8. 26. 20:33

답글 ♡1

❸

ㄴ 🌣 tjsrua0362

@그릇 아하 너무 감사드립니다
찾아보겠습니다！

2024. 8. 26. 20:36

답글 ♡0

❶

ㄴ 🌣 tjsrua0362 🔒

@그릇 주사님 .. 사회보장적수혜금(국고보조재원)으로 8월 이후로 사용해야할 예산 중에.. 학교밖 아이들 체험료, 체험에 필요한 재료비, 강사분들 강사비 이렇게 대략 나갈 예정입니다.

학교밖 친구들 체험료와 재료비는 주사님께서 말씀해주신 대로 사용이 가능할 듯 싶은데..
사회보장적수혜금(국고보조재원)으로 민간 외부강사의 강사비가 나가게 되는건 좀 이건 어렵지 않을까싶어서요..

댓글을 입력해주세요. **등록**

게다가 사회보장적수혜금을 사용하게 된다면, 일상경비가 아닌 일반지출이므로 회계과의 협조를 받아야하는데.. 저희 과 서무님을 뚫는 것이 아니고.. 회계과를 뚫어야하는건데..(뚫이아 한다는 표현이 맞을지 모르겠습니다 ㅋㅋㅋㅋㅋㅋ) 강사비까지 뚫을 수가 있을까요?

도움을 구할 곳이 없어서 주사님께 계속 댓글을 달게 되네요ㅠㅠ 너무 길게 이렇게 귀찮게해드려 너무 죄송합니다

2024. 8. 28. 13:22

답글

❷

ㄴ 🌣 그릇 블로그주인

@tjsrua0362 그걸 개별 건으로 다루지 마시고 해당 체험을 하나의 사업으로 처리하시죠. 그리되면 그 체험을 시키기위해 강사도 체험료도 재료비도 필요하게 되는 거니까요. 개별건으로 하려니 어려워 지는 듯 합니다.

2024. 8. 28. 13:25

답글 ♡1

❸

ㄴ 🌣 tjsrua0362

@그릇 아 너무 감사드립니다 그런 방법도 있겠네요!!!!

2024. 8. 28. 13:26

답글 ♡0

댓글을 입력해주세요. **등록**

어떠신가요?

보고 있는 자체가 훈훈해 보이지 않으신가요?

예산 관련 질문이 아니라 어떤 분야든 질문할 때는 최대한 알아보고 공부한 이후 조금만 더 신중하게 해 보시길 권합니다.

질문을 보면
그 사람이 보이니까요.

그럼, 다음 이야기인 '울지 않는 새에게는 먹이를 주지 않는다'에서 뵙겠습니다.

벌써 2부 예산의 나무 살펴보기의 마지막 장인 것을 보면 시간도 세상도 참 빠르게 흘러갑니다.

지금까지 따라오신 분들은 예산의 기초체력이 어느 정도 갖추어졌으니 3부에서는 본격적으로 난이도를 올려보겠습니다.

기대해 주세요.

7장 울지 않는 새에게는 먹이를 주지 않는다

일반적으로 지방자치단체의 예산 부서에는 인원이 부족합니다. 기초지자체의 경우 예산계 직원이 3~4명인 곳도 있고, 많아 봤자 7명을 넘지 않습니다. 광역지자체라고 별반 다르지는 않습니다.

광역지자체의 경우 대부분 팀장님 포함 10여 명의 직원이 예산을 편성하는 구조인 관계로 여러 명이 작업을 하다 보니 분야를 쪼개서 분업화합니다.

예를 들면, 일차적으로 예산과목별로 담당자를 정하고, 대형 사업 같은 것은 실국별 담당자를 정하는 식으로 예산을 편성하지요.

제가 자산취득비를 담당하던 막내시절에 참 많은 깨달음을 안겨준 사건이 있었는데, 이름하여 '이불 사건'입니다.

다들 아시다시피 자산취득비는 자산을 취득하는 데 사용하는 예산입니다.

자산하면 대표적으로 어떤 것이 있을까요?

기계다 장비다 많은 생각이 떠오르겠지만 그 시절 자산취득비를 담당하고 있던 제 머릿속엔 소방차가 강하게 각인되어 있었습니다.

노후 소방차가 너무 많았기에 이것을 최대한 빨리 교체해 주어야겠다는 마음이 강렬했지요.

그런데 고층 건물이 나날이 늘어가는 추세라 비싼 소방차는 10억을 호가했던 관계로 소방차를 더 사기 위해서는 다른 자산취득비 요구는 어쩔 수 없이 최대한 네거티브하게 접근해야겠다고 마음을 다잡았습니다.

그렇게 본예산 편성 시즌이 다가왔고 부서별 예산 요구를 다 받았는데 지리산 중턱에 있는 환경교육원이란 곳에서 자산취득비로 이불을 2천만 원이나 요구한 것입니다. 순간, 이불을 자산취득비로 살 수 있나? 없나?는 안중에도 없었습니다.

'소방차를 사야 하는 숭고한 자산취득비에
어디 감히 이불을~'

하면서 엄청 열을 받아서는 그길로 예산사정 엑셀 시트를 꺼내서 부서 요구액 2천만 원, 담당자 1차 사정란에 0이라는 숫자를 적어버렸고, 절대 편성해줄 수 없다고 글씨체도 굵게 바꿔놓았습니다.

마치 연필을 꾹꾹 눌러쓴 것처럼 강렬한 의지를 담아서 말입니다.

예산 요구가 모두 끝나고 이틀 뒤쯤이었을까요.

오후 다섯 시에 예산실 문이 빼꼼히 열리더니 여리여리한 여성분이 조그만 목소리로 그러시더군요.

"자산취득비~~"

일반 공직자분들은 지원 부서에 대한 묘한 자기만의 문턱을 가지고 있습니다. 인사, 감사, 예산과 같은 지원 부서는 괜스레 접근하기를 꺼려합니다.

하지만 지원 부서는 말 그대로 지원을 하는 부서입니다. 그러니 인사과에서는 인사를 하는 것도 업무이지만 인사 관련 상담을 하는 것도 고유의 업무이고, 감사부서에서는 감사를 하는 것도 업무이지만 감사관련 상담을 해주는 것도 고유의 업무입니다.

예산부서도 마찬가지지요.

예산을 편성하는 것도 고유의 업무이지만 예산 관련 상담을 하는 것 또한 당연한 예산부서의 업무 중 하나입니다. 그러니 스스로 지원 부서에 대한 문턱을 너무 높게 가지지 않기를 바라며 지원 부서에 근무하는 분들도 업무 관련 상담을 귀찮아하거나 퉁명스럽게 대해서는 곤란하겠지요.

그럼, 이야기로 돌아가서 "자산취득비~~"라고 외쳤으니 누가 일어나
야 하겠습니까?
자산취득비 담당자가 일어나 가봐야 되겠지요.
사산취늑비 담당자가 누굽니까? 바로 저였으니까요.

제가 일어나서 그 여성분에게 다가갔습니다.
그때 저는 왠지 느낌이 왔습니다.
아마도 환경교육원일 것이다, 하고 말이지요.

그래서 문으로 다가가면서 '혹시? 환경교육원?'하고 여쭤보니까
여성분은 반갑다는 듯이 고개를 세차게 끄덕이시더군요.

그래서 제가 회의 테이블로 안내하며 "멀리서 운전해 오시느라 고생
하셨습니다."했더니 여성분은 이렇게 대답하더군요.

"저는 차가 없습니다."

순간 무언가가 잘못되었다는 강한 느낌과 함께 뒷골이 서늘해지기
시작했습니다.

그때부터 환경교육원 서무님은 창원 방문기를 들려주셨습니다.

아침 9시에 지리산 중턱에 있는 환경교육원을 나와서 읍내에 가려고 1시간 간격인 셔틀버스를 타려고 했지만 놓쳤던 겁니다.

그래서 길에서 1시간을 더 기다렸고 그렇게 도착한 산청읍내에서는 창원으로 바로 가는 시외버스가 없어 진주로 갈 수밖에 없었답니다.

진주로 가서 다시 창원으로 가는 시외버스를 탔고 창원 종합버스터미널을 거쳐 도청까지 시내버스를 타고 왔고 중간에 점심도 먹고 하니 아침 9시에 출발했지만, 오후 5시가 되어서야 도착했던 것이지요. 그리곤 숨 쉴 틈 없이 이불 이야기를 시작하였습니다.

환경교육원에서 요구한 다른 예산도 많았지만 서무님은 오로지 이불에 관해서만 이야기를 하셨습니다.

교육원이 고지대에 있다 보니
습기가 너무 많아서
자연스럽게 이불에 곰팡이가 슨다...
그러니 교육생들이
곰팡이 슨 이불을 덮고 자지 않는다...

그리고 일주일이 지나서
수료할 때

모든 교육생들이 감기에 걸려 나가는데
그 모습을 보는 서무의 마음이 찢어진다는 것이 요지였습니다.

30분 동안 경청하던 저는 이렇게 답을 드렸습니다.

"혹시~ 세탁은 해보셨나요?"

그 말을 함과 동시에 알지도 못하면 가만히 있으라는 식으로 이미 세탁을 다 해봤었고 몇 번을 해도 곰팡이가 너무 진하게 슬어 전혀 지지 않았다는 것입니다. 어쩌겠습니까.

지금 당장 예산을 편성해 드리겠다고 답을 할 수가 없는 입장이니 이렇게 답할 수밖에 없었습니다.

"적극 검토해 보겠습니다."

'그래 사정은 딱해 보이지만 편성해 줄 수는 없어~'란 의미의 말을 그렇게 정중하게 할 수밖에 없었던 것입니다.
그리고는 먼 길을 가셔야 하니 얼른 서두르시라고 환경교육원 서무님을 돌려보내고는 다시 예산 사정 엑셀 시트를 꺼내서 2차 사정란에 다시금 0이라는 숫자를 적을 수밖에 없었습니다.

왜냐하면 저는 자산취득비로 소방차를 더 많이 사야 했으니까요.

또 이틀이 지나고 오후 4시.
예산실 철문이 조용히 열리더군요.

문이 열리는 쪽으로 고개를 돌렸는데 아무도 보이지 않았습니다.

그래서 다시 모니터로 고개를 돌리던 찰나 누군가 제 등 뒤를 톡톡
하고 쳤고 돌아보는 순간 깜짝 놀랄 수밖에 없었습니다.
그곳엔 환경교육원 서무님이 서 있었고 "주사님~ 저 또왔어요~"하
며 저를 보고 환하게 웃고 계셨거든요.

그래도 짐짓 반가운 척 "아이고~ 오늘은 조금 빨리 오셨네요." 했더
니 서무님이 그러시더군요.

"저번에 너무 늦어서 이번엔
   빨리 출발했어요."

저는 다시금 감기와 곰팡이, 그리고 이불에 대해 30분 동안 열변을
들을 수밖에 없었습니다. 처음 이불 이야기를 들었을 때 그 완고했던
마음이 얼마나 그랬으면 그 먼 길을 이렇게 찾아올까 하면서 안쓰러
움으로 바뀌더군요.

그때부터였습니다.

제가 본래 스트레스는 최대한 덜 받게 흘려보내는 스타일이라 잘 먹고, 잘 싸고, 잘 자는 타입입니다. 그런데 그때부터 영 입맛도 없고 밤에 잠도 잘 못 드는 것이 가슴속에 돌멩이가 하나 걸린 느낌이 들었습니다.

다시 주말이 왔고 평소와는 달리 인상을 팍~ 쓰고 있는 남편에게 아내는 조심스럽게 다가와 그러더군요.

"여보, 혹시? 주식했나?"

그 말에 화들짝 놀라면서 손사래를 치며 사무실 일이라고 신경 쓰지 말라 말했더랬지요.

그렇게 제대로 쉬지도 못하고 주말은 훌쩍 가버렸고 월요일 아침이 밝았습니다.

제가 본래 좀 일찍 출근하는 습관이 있어 월요일 아침 7시에 청사 계단을 올라가고 있는데 어두컴컴한 복도에서 3층인 예산실 문 앞에 사람 머리 모양의 실루엣이 비치는 겁니다.

계단을 한 칸씩 한 칸씩 오르며 설마~ 설마~ 했는데...
글쎄~ 환경교육원 서무님이 그 자리에 떡하니~ 서 있는 겁니다.

그리고는 저를 보며 환한 웃음과 함께 인사를 전하더군요. 순간 엄청나게 놀라면서 불쑥 이런 생각이 들었습니다.

'저분은 예산 때문에 찾아오는 게 아닐 수도 있겠구나.'
'음... 나는 이미 결혼을 했는데 이걸 말해줘야 하나?'

이런저런 잡생각이 들었지만 이내 홀홀 걷어내고는 저도 반갑게 인사를 했더랬지요.
너무 늦어 위험해서 일요일에 창원에 와서 잤다고 말씀하시는 그분의 얼굴을 보며 '아... 이분은 진짜 이불에 진심이구나'라며 짠한 마음이 들기 시작했습니다.

예산 사정이 끝날 때까지 환경교육원 서무님은 그 먼 길을 총 다섯 번을 찾아오셨고, 찾아올 때마다 환하게 웃으며 지치지 않는 열정으로 곰팡이와 감기, 이불에 대해 이야기하셨습니다.

예산에 있어서 제가 가장 싫어하는 말은 '돈 안 주면 일 안하면 된다. 걱정마라.'입니다.
반드시 하지 않아도 되는 사업 예산은 애당초 요구하면 안 됩니다.

왜냐하면 예산의 파이는 정해져 있으니까요.
그러니 필요한 예산을 요구한 후 필요성에 대해 강력하게 어필을 하고 그렇지 않은 예산은 요구 자체를 하지 말아야 합니다. 정해진 파이는 배가 더 많이 고픈 이에게 돌아가는 것이 공평하고 합리적이니까요.

그렇게 다섯 번을 찾아왔지만 제 사정 시트에서 0이라는 숫자는 바뀌지 않았습니다.
그러함에도 저는 소방차를 사야한다고 결론을 내렸으니까요.

이제, 예산 사정의 마지막 스텝에 다다랐고 세입예산의 총액과 세출예산의 총액을 원 단위까지 일치시키는 작업을 하게 됩니다.

그런데 한두 명이 작업한 것이 아니라 열 명이나 되는 사람들이 작업한 것을 합쳐 놓으면 어떻게 될까요?

당연히 세입예산의 총액과 세출예산의 총액은 차이가 발생하게 되고, 그것을 며칠 밤을 새우면서 하나하나 맞추는 작업을 할 수밖에 없습니다.

그렇게 맞추고 맞춰도 도저히 오류가 해결되지 않으면 억지로 세입을 더 잡든 세출을 더 잡아서 마지막에 임의로 맞춰 버리곤 합니다.

엄청 큰 금액이 차이 나는 것이 아니기 때문에 가능한데, 이틀 밤을 새우고 새벽 두시쯤 예산담당관님이 그러시는 겁니다.

"아무리 해도 세출이 2천만 원 모자란다.
 누가 2천만 원짜리 사업 가지고 있으면
 들고 와봐라."

순간 이틀 밤을 샜지만 자리에서 벌떡 일어나서 예산담당관님께 뛰어갔지요. 그리고 곰팡이와 감기, 그리고 이불에 대해서 열변을 토해 냈습니다.

환경교육원 서무가 제게 그랬던 것처럼...

이러한 우여곡절 끝에 환경교육원의 이불을 예산에 반영해 드렸습니다.

이젠 아시겠지요.
이번 장의 주제가 왜
"울지 않는 새에겐 먹이를 주지 않는다." 인지를요.

그러므로 꼭 필요한 예산만 요구하고 예산 요구를 했으면 그 예산이 왜 필요한지에 대해 강력한 어필이 따라와야 합니다.
그래야만 담당자에게 해당 예산에 대한 강인한 인상이 심어지게 되고 예산편성으로 이어질 확률이 높아지기 때문입니다.

예산편성은 e호조가 인공지능으로 하는 것이 아니라 결국 사람의 판단을 거쳐 이루어집니다.

잊지 마십시오.

울지 않는 새에게는 먹이를 주지 않습니다.

그것은 세상의 다른 많은 것에도 적용되는 명언이겠지만 세상 그 무엇보다 예산 분야에 꼭 들어맞는 이야기란 것을 말입니다.

이번 장을 끝으로 예산의 나무를 살피는 작업은 마칩니다.

다음은 세세한 예산의 부분 부분을 살펴보는 예산의 줄기와 잎을 상세히 들여다보도록 하겠습니다.

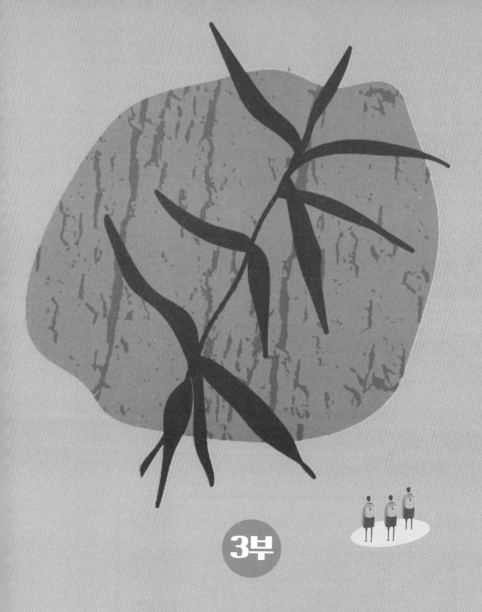

3부

예산의 줄기와 잎,
자세히보기

1장 예산편성 없이 먼저 집행하는 예산 성립전 사용

예산은 편성한 이후 집행하는 것이 원칙이라고 말씀드렸습니다.

하지만 모든 원칙에는 예외가 있듯이 예산을 편성하지 않고 집행하는 경우도 있는데 그게 바로 "예산의 성립전 사용"입니다.

혹시 기억하실지 모르겠지만 2018. 8월에 19호 태풍 '솔릭'이 나라 전체를 공포의 도가니로 밀어 넣었습니다. 전설 속의 족장이라는 의미를 가진 미크로네시아가 제출한 '솔릭'은 그 이름만큼이나 강력한 태풍이라는 예보가 이어졌기 때문입니다.

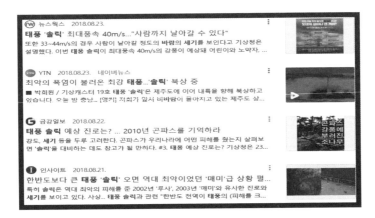

특히나 엄청난 바람을 동반한다면서 최대풍속 40m/s라는 보도가 꽤 많았습니다.

생각해 보세요.
최대풍속 40m/s라고 하면 어떤 느낌이 들 까요?

"빠른가?"
"얼마나 바람이 센 거야?"

이렇게 별 느낌 없이 그냥 흘려듣는 분들이 많을 겁니다.
그런데 실제 초속 40m는 분속 2.4km라는 의미이고, 시속으로 환산하게 되면 무려 144km나 됩니다.

엄청난 속도입니다.

그러니 아무리 태풍의 풍속은 m/s 단위로 나타내는 게 표준이라 할지라도 국민들에게 제대로 알려주고 경각심을 불러일으키기 위해서는 널리 알려지고 바로 이해가 가능한 시속 단위로 알려 주는 것이 훨씬 효과적이지 않을까 하는 생각을 했습니다.

이런 사례를 통해 여러분이 정책홍보를 할 때는 어떻게 하면 국민들이 더 쉽게 이해하고 체감할 수 있을지에 대한 고민이 필요하다는 생각을 갖길 희망해 봅니다.

그럼, 이렇게 태풍이 지나가고 나면 어떻게 될까요?
곳곳에 물난리에 도로 침수, 건물 파손 등 아수라장이 될 겁니다.
그에 따른 주민 불편도 많을 것이고 민원도 빗발칠 테니 얼른 피해부터 복구해야 합니다.

그런데 애초에 태풍피해는 예측이 불가하기 때문에 본예산에 피해 복구할 예산이 없었지만 다행히도 정부에서 재난안전특별교부세가 긴급하게 내려왔는데 담당자가 이렇게 말하면 어떨까요?

"아직 추경이 멀어서 집행이 어렵겠는데요?"

완전히 환장할 노릇 아니겠습니까.
그래서 이런 경우에 신속하게 집행할 수 있도록 예외규정을 마련한 것이 바로 예산의 성립전 사용"입니다.

"예산의 성립전 사용"은 예산총계주의 원칙의 예외인데, 「지방재정법」 제34조(예산총계주의의 원칙)에 따르면 세입과 세출은 모두 예산에 편입되어야 한다고 되어 있습니다.
"예산의 성립전 사용"은 예산에 편입시키지 않고, 바로 집행을 하므로 예외가 되는 원리입니다.

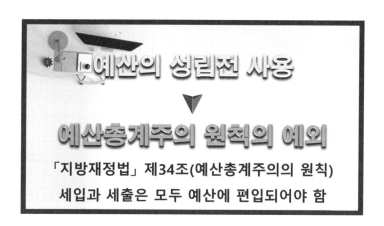

일반적으로 추가경정예산이 성립하기 전에 사용한다 하여 "예산의 성립전 사용"은 "추경 성립전 사용"을 의미하며 예외라는 것을 너무 광범위하게 허용하면 원칙이 훼손되기 마련이니 어떤 경우에도 예외는 최소화하는 게 합당한지라 "추경 성립전 사용"은 단 두 가지 경우에 한정합니다.

첫 번째는 그 용도가 지정되고 소요 전액이 교부된 경우이고, 두 번째가 앞에서 언급한 재난구호 및 복구와 관련하여 복구계획이 확정·통보된 경우입니다.

두 경우 모두 재원의 종류는 의존 재원으로 한정됩니다.

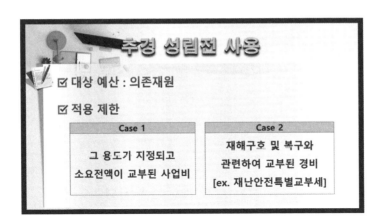

「지방재정법」 제45조(추가경정예산의 편성 등)	

지방자치단체의 장은 이미 성립된 예산을 변경할 필요가 있을 때에는 추가경정예산(追加更正豫算)을 편성할 수 있다. 다만, 다음 각 호의 경비는 추가경정예산의 성립 전에 사용할 수 있으며, 이는 같은 회계연도의 차기 추가경정예산에 계상하여야 한다.

1. 시 · 도의 경우 국가로부터, 시 · 군 및 자치구의 경우 국가 또는 시 · 도로부터 그 용도가 지정되고 소요 전액이 교부된 경비

2. 시 · 도의 경우 국가로부터, 시 · 군 및 자치구의 경우 국가 또는 시 · 도로부터 재난구호 및 복구와 관련하여 복구계획이 확정 · 통보된 경우 그 소요 경비

두 번째 경우인 재난구호 및 복구와 같은 경우는 긴급하게 예산을 집행해야 할 충분한 이유가 있겠다 싶지만, 굳이 첫 번째 경우를 만들 필요가 있을까? 하는 의문을 품는 분들도 계실 겁니다. 하지만 첫 번째 경우도 반드시 필요합니다.

예를 들어, 연말에 정부에서 추진하는 공모사업에 응모했다고 칩시다. 연말에 응모했으니 당연히 당해연도에는 선정 발표가 나지 않는 것이 일반적입니다.

이럴 때 해당 사업을 예산의 관점으로 보면 다음 연도 예산에 편성한다와 편성하지 않는다로 단 두 가지 길 밖에 없을 겁니다.

만약에 다음 연도 예산에 편성하고자 할 경우 내년 연초에 결과 발표를 보고 선정이 되면 예산을 편성했으니 그대로 사업을 추진하면 될 것이고, 공모 사업에 탈락한다면 다음에 있을 추가경정예산에서 해당 사업비를 삭감하면 그만입니다.

그런데 이런 경우는 예산 부서에서 예산편성을 절대 해주지 않습니다. 가내시(假內示)도 없으니 응모를 했다는 근거만으로 예산을 편성해주는 예산 부서는 전국 어디에도 없으니까요.

따라서 연말 공모 사업의 경우 대부분 다음해 공모사업에 최종 선정되고 나면 그다음에 있을 추가경정예산에 해당 사업 예산을 편성하는 것이 일반적입니다.

생각해 보세요.

정부입장에서는 내년 초에 공모 사업 대상 지자체를 선정하고 보조금을 내려주면 어떻게 할까요?

빨리 사업을 추진하라고 닦달하기 시작합니다. 늦게 선정을 해준 것도 모자라 본 예산편성이 끝나고 회계연도가 개시된 이후에 보조금을 내려주면서 빨리 빨리를 외치니 환장할 노릇이지요. 하지만 어쩌겠습니까. 보조금을 받아 쓰는 입장이니 최대한 맞출 수밖에 없지 않겠습니까.

이럴 때 다음 추가경정예산을 편성할 때까지 기다리게 되면 신속한 예산 집행에 애로가 발생할 터이니 사업을 빨리 추진할 수 있도록 "추경 성립전 사용"의 절차를 만들어 놓은 것입니다.

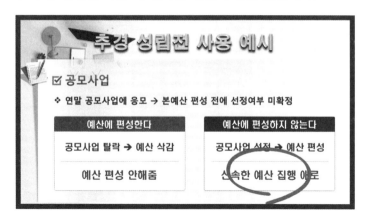

다른 예산 작업과 마찬가지로 "추경 성립전 사용" 역시 일련의 절차를 거쳐야 합니다.

이러한 절차 중 가장 중요한 것은 "추경 성립전 사용"을 한 이후에 있을 추가경정예산에 해당 사업을 반드시 편성해야 한다는 것입니다.

다른 부분은 일반적인 절차로 이전 절차를 수행하지 않으면 다음 스텝으로 넘어가지 않는 구조이므로 오류가 덜한데 차기 추가경정 편성의 경우 사업 담당자가 누락하고 그게 또 걸러지지 않으면 생각만 해도 끔찍한 결과가 나올 수도 있기 때문에 "추경 성립전 사용"과 차기 추경 예산 편성은 세트로 생각해 두면 좋을 것 같습니다.

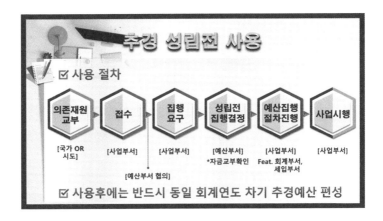

이 정도로 하고 "추경 성립전 사용"에 대해 마침표를 찍으면 좋겠는데 친절하지 못한 「지방재정법」 때문에 일부 혼선이 생기는 부분이 있습니다. 이에 대해 명확히 정리해보겠습니다.

우선, 「지방재정법」 제45조(추가경정예산의 편성 등)에 나와 있는 "추경 성립전 사용"의 단서에는 '시도는 국가로부터, 시군 및 자치구의 경우 시도 및 국가로부터'라는 조문이 나옵니다.

해당 조문에 등장하는 시도 및 국가란 국가 또는 지방자치단체만을 의미할까요?

아니면 국가 또는 지방자치단체 출연 재단 등도 포함할까요?

이에 대해서는 놀랍게도 오로지 국가 또는 지방자치단체만을 의미합니다.

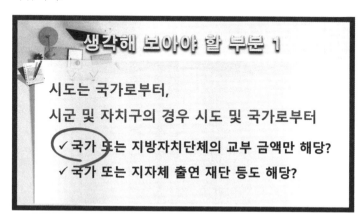

그래서 정부에서 출연한 농업기술실용화재단과 같은 출연기관에서의 보조금에 대해서는 "추경 성립전 사용"이 불가합니다.

다음은 법령상 '그 용도가 지정되고 소요전액이 교부된 사업비'의 의미입니다.

해당 조문은

사업 소요 예산의 총액을 의미할까요?

의존 재원의 총액을 의미할까요?

어찌 보면 지극히 단순한 논리인데 여기에 대해 혼란을 느끼는 분들이 의외로 많습니다.

앞서 "추경 성립전 사용"의 전제 조건이 바로 의존 재원이라고 이 야기 했으니 당연히 법령에 나와 있는 '그 용도가 지정되고 소요전 액이 교부된 사업비'는 의존 재원의 총액을 의미하는 것입니다.

그러니까 보조되는 금액에 대해서만 소요 전액이 교부되면 "추경 성립전 사용"의 조건이 완성되는 것입니다.

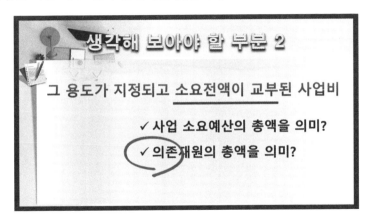

여기에 추가해서 아주 큰 공사 중 일부 공정에 대해 용도를 지정 하고, 해당 공정에 필요한 소요 금액이 전부 교부되었다 하더라도 "추경 성립전 사용"은 불가하다는 질의 회신을 보면 아무리 부분적 으로 분리된 사업이라 할지라도 전체 보조 사업비 전액이 교부되 어야만 "추경 성립전 사용"을 하기 위한 조건이 완성된다고 하겠습 니다.

그리고 계속사업의 경우는 사업 특성상 전체사업비 중 당해연도에 소요되는 보조금이 전액 교부되었을 경우에는 "추경 성립전 사용"을 할 수 있는 조건이 됩니다.

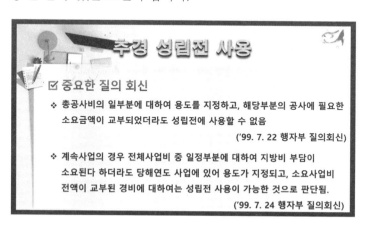

어떻게 보면 참 어렵고 어떻게 보면 의외로 간단한 "추경 성립전 사용"

어떠셨나요? 이해되셨나요?

3부 예산의 줄기와 잎에서는 직접적으로 해당 분야에 대해 설명하는 관계로 아무리 쉽게 설명하려 해도 한계가 있습니다.

그러하기에 한번 읽어서 이해가 안 된다면 반복적으로 읽어서 그 원리에 대해 이해할 수 있어야 합니다.

즉, '음.... 추경 성립전 사용이란 건 특정한 조건에서 예산을 편성하지 않고 먼저 쓸 수 있는 예외 적인 규정이구나'정도의 원리만 이해하면 그것으로 충분합니다.

다음에 여러분이 실제로 "추경 성립전 사용"을 해야 할 때는 정리된 매뉴얼을 보면 되니까요.

그러므로 디테일한 부분에 대해 암기하는 것은 아무런 필요가 없음을 잊지 마시기 바랍니다.

그럼, 다음 장에서는 '예산의 목적외 사용'에 대해 알아보도록 하겠습니다.

성과주의 예산제도를 차용하면서 예산은 명확한 목적을 지니게 되었습니다. 그것이 예산서에 고스란히 반영되어 나타나는 것이고요.

예를 들어, "AI 지식기반 확대사업"이라는 세부 사업 아래 201-01 사무관리비, 202-01 국내여비, 307-02 민간경상사업보조 예산이 편성되어 있다면, 관련 예산은 분명 "AI 지식기반 확대사업"의 목적 달성을 위해서 쓰여야 할 것입니다.

그리고 사무관리비 예산은 사무관리비로만, 국내여비 예산은 국내여비로만, 민간경상사업보조 예산은 민간경상사업보조로만 집행되어야 합니다.

다시 말해 예산서에 명시되어 있는 예산은 세부 사업명을 통해 해당 예산을 집행함으로써 달성하고자 하는 목적을 알 수 있고, 통계목을 통해 재원 집행의 방향성이 정의된다고 할 것이므로 목적과 집행 방법에 대한 것이 한번에 정리되어 있다고 하겠습니다.

그런데 앞서 말씀드렸듯이 예산은 도래하지 않은 미래를 예측하여 편성하는 것이기에 실제 회계연도가 개시되고 사업을 집행하려는데 너무 시기상조거나 이미 사업 시기를 놓쳐 관련 사업을 더 이상 추진할 이유가 없어지는 경우가 허다합니다.

예를 들어, 남북교류사업 관련 예산을 편성했는데 남북 관계가 급격히 냉각되거나 수해복구 예산을 편성해 놨는데 실제 수해가 단 한 번도 일어나지 않았을 경우처럼 말이지요.

이럴 경우 어떠한 예산 작업 없이 그대로 두면 해당 예산은 불용 처리됩니다. 말 그대로 쓰지 않고 남아서 다음 연도의 예산 재원이 되는 것입니다.

그렇게 되면 예산을 확보할 때는 그렇게 힘겹게 쫓아다니며 이유를 설명하고 타당성을 어필하는 노력을 기울였으니 소관부서 입장에서는 억울하지 않겠습니까.

이럴 때 예산을 불용시키지 않는 요긴한 예산 제도가 바로 "예산 목적외 사용"입니다.

집행 이유가 상실되거나 집행이 불가한 사업의 예산을 사업비가 부족한 사업에 예산 편성 목적과 달리 사용하는 것입니다.

그뿐만 아니라 "예산 목적외 사용"은 연말이 되면 대부분의 부서에서 부족하기 마련인 국내 여비를 해결하는 요긴한 방편으로도 활용됩니다.

기준 금액을 가지고 편성하는 것이 기본경비인지라 기본 경비 중 하나인 국내 여비를 풍족하게 편성하는 지자체는 드뭅니다. 그래서 연말이 되면 회계 서무님들은 욕먹을 각오를 하고 용단을 내리곤 합니다.

"12. 10.일부터는 출장을 가셔도 여비 지급이 불가합니다."

이렇게 공지하고 나면 사무실은 아비규환의 현장이 되겠지요.

'내가 가고 싶어서 출장을 가나?'부터
'그럼 제돈 내고 출장을 다녀오란 말이냐'까지
불만이 폭주하게 됩니다.

그런데 이런 혼란은 전적으로 회계 서무님의 연찬 부족에서 비롯된 해프닝이라고 생각합니다. 연말이면 대부분의 조직에서 집행잔액이 남는 사무관리비를 '변경사용'한다면 깔끔하게 해결되는 문제이기 때문입니다.

성과주의 예산제도는 예산의 사용 목적이 명확합니다.

한눈에 알 수 있습니다. 하지만 앞에서도 말씀드렸듯이 실제 예산을 집행하다 보면 당초에 예측하지 못했던 여러 이유로 당초 목적과는 달리 예산을 사용할 필요성이 생깁니다.

이런 경우
'예산의 목적외 사용'을 활용하면 됩니다.

'예산의 목적외 사용'에는
예산의 이용, 전용, 변경사용, 이체가 있습니다.

예산의 이용은 정책사업간 예산을 상호 융통하여 사용하는 행위로 일반적으로 정책사업을 넘나든다는 것은 자기 부서의 예산을 다른 부서로 넘겨준다는 의미이고, 더군다나 사전에 의회 의결을 거쳐야 되는 사항이라 현실에서는 거의 일어나지 않습니다.

공직 생활이 꽤 된다고 자부하는 저도 지금까지 예산의 이용을 하는 경우는 들어본 적이 없었으니까요. 그리고 예산의 이체는 조직 개편과 같은 특수한 경우에 특정 부서 예산 전체를 변경되는 조직으로 상호 이체하는 경우라 일반 공직자들은 상세히 알 필요는 없습니다. 대상 부서의 협조를 받아 예산 부서에서 주로 하는 일이기 때문입니다.

차 떼고 포 떼고

이제 전용과 변경사용 딱 두 가지 남았습니다.

예산의 전용은

동일 정책사업 내 단위사업 간

예산을 융통하여 사용하는 경우이고,

예산의 변경사용은

동일 단위 사업 내 세부사업 간이나

동일 세부 사업 내 편성목이나 통계목 간

예산을 융통하여 사용하는 경우입니다.

거기다 아무리 예산의 변경사용에 해당한다 하더라도 목그룹이 다른 경우는 예산의 전용 절차를 거쳐야 합니다. 딱 봐도 전용보다는 변경사용이 더 쉽습니다.

그래서 예산의 전용은 사업 부서에서 예산부서에 요청하면 예산부서에서 검토하여 지자체장이 결정하는 반면, 예산의 변경사용은 예산 부서의 협조를 받아 소관 실국장이 결정하는 구조입니다.

그러니 사업을 다 추진하고 집행잔액이 꽤 남아 있으면 예산을 확보한 노력이 아깝기 때문에 집행잔액을 그대로 불용시키지 마시고 예산의 목적외 사용을 고려해 보는 것도 좋고 연말에 국내 여비가 부족하다고 부서원들이 아우성칠 때도 여유 있는 사무관리비를 목적외 사용하는 것을 고려해 보면 좋습니다.

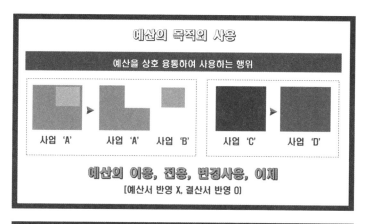

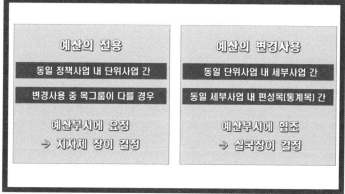

그렇다고 무작정 아무 경우나 다 '예산의 목적외 사용'을 할 수 있는 것은 아닙니다.

세부 사업을 신설하여 전용이나 변경사용은 하지 못하고 인건비 등의 예산은 전용이나 변경사용을 제한하고 있는 등 몇 가지 제한 사항이 있으니 실제 '예산의 목적외 사용'을 하고자 할 때는 예산편성 운영기준 등의 관련 규정을 꼼꼼히 체크하시기 바랍니다.

저는 고기를 잡아 주지 않습니다.
고기가 있는 곳을 가르쳐 주고
고기를 잡는 방법을 일깨워 주는 겁니다.

실제 고기는 여러분 스스로
잡아야만 의미가 있고
그것이 예산 체력으로 연결되니까요.

그럼 여러분의 예산 체력을 더 키우기 위해 다음 장에서는 회계연도 개시와 폐쇄, 그리고 그에 연계한 지출에 관해 살펴보겠습니다.

3장 작년 초과 근무수당을 올해 예산으로 지급해도 되는 거야?

2021. 12. 17. 행정안전부가 발송한 신기한 공문이 전국 지방자치
단체에 도착합니다.

공문 제목은 "지방공무원 수당 집행 관련 협조 요청"이었고, 별도
의 근거 규정 없이 12월 말에 발생하는 초과근무에 대해 다음 해 예
산으로 수당을 지급하라는 내용이었습니다.

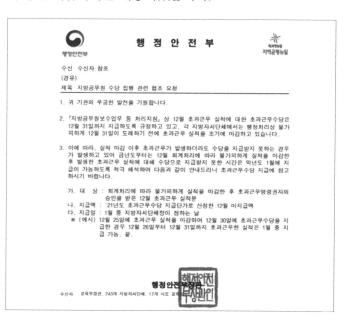

본래 회계연도는 매년 1. 1일에 시작해서 12. 31일에 끝나는 지라 출납 폐쇄기한은 매년 12. 31일입니다.

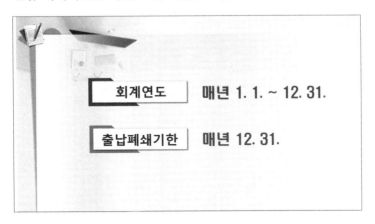

그래서 지출하기 위해서는 품의 등록도 해야 하고, 자금배정에 지급명령까지 일련의 과정을 거쳐야 하므로 대부분의 지자체는 12.20일과 같이 특정일을 정해서 그 이후로는 지출을 못하게 회계 부서에서 정하곤 합니다. 그렇다 보니 연도 말에 하는 초과근무에 대해서는 수당을 지급할 수가 없는 구조인데, 이에 대한 불만들이 고조되어 행정안전부에서는 공문으로 지급요청을 한 것이지요.

그런데 이상합니다.

회계연도 독립의 법칙이 엄연히 지방재정법에 나와 있는데 말입니다.

① 각 회계연도의 경비는 해당 연도의 세입으로 충당하여야 한다.

그런 까닭에 지금까지의 관례와 달라지는 것을 공문으로 통보할 때는 명확한 규정에 대한 설명을 반드시 덧붙여 현장의 혼란을 야기시키지 말아야 합니다.

실제 저 공문이 내려왔을 때 현장에서는 이게 법령에 맞나? 행안부의 공문을 근거로 지출해도 되나?와 같은 설왕설래가 꽤 많았습니다. 실제 중앙부처의 공문은 법령의 효력을 갖지 못합니다.

다시 말해 아무리 공문을 통한 지시가 있었다 하더라도 법령 위반 행위라면 그것은 따르지 않아야 합니다. 공문은 법령보다 상위에 있지 않기 때문에 당연히 법령을 위반한 행위가 될 것이니 말이지요.

하여 논란을 불식시킬 겸 해서 관련 연찬을 시작해 보았습니다.

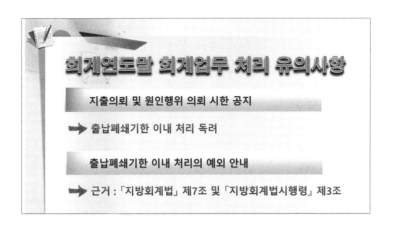

회계연도말 회계업무 처리 유의사항

지출의뢰 및 원인행위 의뢰 시한 공지

➡ 출납폐쇄기한 이내 처리 독려

출납폐쇄기한 이내 처리의 예외 안내

➡ 근거 : 「지방회계법」 제7조 및 「지방회계법시행령」 제3조

먼저 출납폐쇄기한은 「지방회계법」 제7조에 명시되어 있습니다.

해당 조문에는 출납사무 완결기한도 함께 명시하면서 「지방회계법 시행령」 제3조도 함께 언급하고 있습니다.

「지방회계법」

☑ 제7조(출납 폐쇄기한 및 출납사무 완결기한)
① 지방자치단체의 출납은 회계연도가 끝나는 날 폐쇄한다.
다만, 해당 회계연도의 예산에 포함된 경우로서 다음 각 호의 어느 하나에 해당하는 경우에는 다음 회계연도 1월 20일까지 수입 또는 지출 처리를 할 수 있다.
1. 회계연도 말에 계약 이행이 완료되어 회계연도 내에 지출하기가 곤란한 경우
2. 국가나 다른 지방자치단체 등으로부터 자금이 교부되지 아니하여 회계연도 내에 지출하기가 곤란한 경우
3. 그 밖에 해당 회계연도 내에 지출 또는 수입 처리하기가 곤란한 경우로서 대통령령으로 정하는 경우

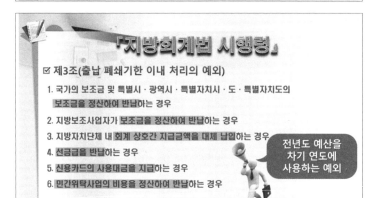

「지방회계법 시행령」

☑ 제3조(출납 폐쇄기한 이내 처리의 예외)
1. 국가의 보조금 및 특별시·광역시·특별자치시·도·특별자치도의 보조금을 정산하여 반납하는 경우
2. 지방보조사업자가 보조금을 정산하여 반납하는 경우
3. 지방자치단체 내 회계 상호간 지급금액을 대체 납입하는 경우
4. 선금급을 반납하는 경우
5. 신용카드의 사용대금을 지급하는 경우
6. 민간위탁사업의 비용을 정산하여 반납하는 경우

전년도 예산을 차기 연도에 사용하는 예외

정리해 보면 회계연도가 종료되고 연도폐쇄기한 이전에 지출행위를 완료하는 것이 원칙이지만 신용카드 사용대금 등 법령에서 정한 사유에 해당하는 경우 연도폐쇄기한 이후에도 해당연도 예산을

예외적으로 지출할 수 있다는 말입니다.

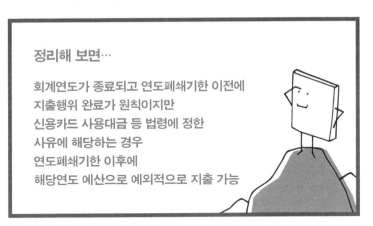

정리해 보면…

회계연도가 종료되고 연도폐쇄기한 이전에
지출행위 완료가 원칙이지만
신용카드 사용대금 등 법령에 정한
사유에 해당하는 경우
연도폐쇄기한 이후에
해당연도 예산으로 예외적으로 지출 가능

지출의 원인이 되는 행위가 있었지만 어쩔 수 없는 상황 때문에 예외적으로 당해연도 예산을 다음 연도에 지출한다는 것이지 회계연도 독립의 원칙을 어기는 것은 아니므로 합리적인 이해가 되는 부분입니다.

하지만 위에서 나온 행정안전부 공문은 전년도 예산으로 주어야 할 초과근무수당을 다음 연도 예산으로 줄 수 있다는 것이기에「지방재정법」상 회계연도 독립의 원칙을 정면으로 위배하고 있으니 별도의 근거 규정이 없는 한 심각한 법령 위반 아니겠습니까?

그럼 행정안전부의 의도는 전국 243개 지방자치단체에게 공공연하게 불법을 자행하라는 것일까요?

아마도 그것은 아닐 겁니다.

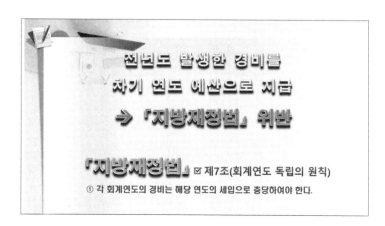

상세한 설명이나 근거 규정을 함께 보내지 않았지만 분명 어딘가
에 명확한 근거가 있을 테니까요.

그래서 법령을 더 찾아본 결과 짜잔~
「지방회계법」 제37조를 발견했답니다.

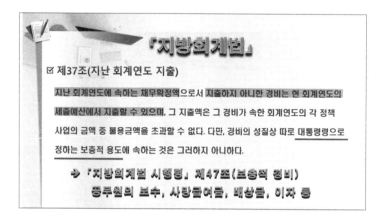

그러니까 지난 회계연도에 속하는 채무확정액을 지출하지 못했을 경우 다음 회계연도 세출예산으로 지출이 가능하다는 말이기에 당해연도 지출하지 못한 초과근무수당을 「지방회계법」 제37조를 근거로 다음 연도 예산으로 지출이 가능하게 되는 것입니다.

　이렇듯 무언가 예산 관련 장애물을 만났을 때는 겁먹지 마시고 근거가 뭔지 찾아보면서 연찬하다 보면 해답이 보이기 마련입니다.

　왜 그래야 하느냐고요?

예산은
직접 집행한 본인에게
가장 큰 책임이 있기 때문이니까요.

　이제부터는 근거 규정 없이 무언가를 해야 할 때는 열심히 근거 규정을 먼저 찾으면서 공부한 후에 일처리를 하는 겁니다.

그래야만 예산 체력도 길러지고 이후에 문제가 발생할 여지가 줄어들게 될 터이니 말입니다.

잊지 마십시오.

집행에 대한 책임은
온전히 본인에게 있다는 것을.

그럼, 다음 장에서는 공무원이면 누구에게나 해당하는 출장 여비에 관해 자세히 알아보도록 하겠습니다.

4장 출장 여비를 제대로 알려줄게~

　공무를 수행하다 보면 누구나 출장을 가게 됩니다. 공적인 일로 출장을 가게 된다면 당연히 출장 여비를 지급받게 되기에 공무원이면 누구나에게 해당하는 것이 바로 출장 여비입니다.

　그러하기에 출장 여비는 신중하고 꼼꼼하게 지출하여야 하지만 관련 규정에 대해 정확한 이해와 꼼꼼한 체크 대신에 지금까지 해 오던 관행대로 지출하는 분들이 꽤 많습니다.

　하지만 만약 출장 여비에 대해 감사 지적을 받게 되면 무조건 회수 처분이 내려지기 때문에 분란이 일어나기 십상입니다.

　"내가 더 달라고 했냐?"면서 서로 얼굴을 붉히게 되는 것이지요.

　그러므로 공무원이라면 출장 여비에 대한 명확한 이해가 필요합니다.

　이번 장에서는 여러분들이 지금까지 알고 있던 것들에서 생전 처음 들어보는 내용까지 출장 여비에 대해 알아보겠습니다.

　출장 여비는 크게 국내 출장 여비와 국외 출장 여비로 분류합니다. 그리고 국내 출장 여비는 근무지내 출장 여비와 근무지외 출장 여비로 다시 나뉩니다.

근무지내와 근무지외는 규정에 나오는 용어이고 우리는 흔히 근무지내 출장은 관내 출장, 근무지외 출장은 관외 출장이라고 통칭합니다.

제가 강의하면서 신규 직원들께 출장 여비가 어떻게 구분되냐고 물으면 백이면 백 관내와 관외로 구분된다고 답하는데요. 어찌 보면 당연한 반응입니다. 신규직원들이 국외 출장을 다녀올 기회는 거의 없을 테니 말이지요.

사람은 어쩔 수 없습니다. 경험한 만큼 알게 되고 아는 만큼 보이기 마련이니까요.

그러니 새로운 경험의 기회가 제공되었을 때, 안 해봤다고 못한다며 스스로 경험의 기회를 거부하지 마시기를 권해봅니다.

그 경험이 성공적이면 더할 나위 없고, 비록 실패하더라도 경험치가 늘어날 것이기에 그 또한 나쁘지 않을 테니까요.

여비를 지출할 때는 무엇보다 여비지급항목에 대한 이해가 필요합니다. 국내 출장 중 관외 출장의 경우 여비지급항목은 단 4가지입니다.

일비, 식비, 운임, 숙박비

그리고 국외 출장의 경우는 여기에 하나의 여비지급항목이 추가되는데 바로 준비금입니다.

비자가 필요한 나라를 가야 할 때 필요한 비자를 발급받거나 풍토병 예방접종이 필요한 나라를 가야 할 때 예방접종을 하는 등 출장을 준비하는데 소요되는 경비입니다.

그럼, 규정상 근무지내 출장, 즉 관내 출장일 경우 여비지급항목은 무엇일까요?

이에 대해 명확히 이해하는 분들이 적다 보니 일비 혹은 식비로 알고 계신 분들이 많습니다. 관내 출장의 여비지급항목은 규정상 그냥 출장비로 되어 있습니다.

관외 출장의 일비나 식비와는 완전히 다른 개념의 출장비라는 여비지급항목으로 관내 출장 여비가 계산되는 것입니다.

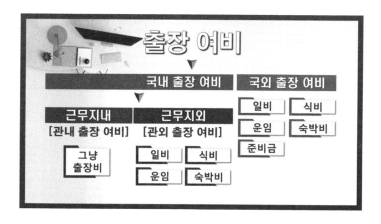

예산의 줄기와 잎, 자세히보기

그래서 2023년 3월 17년 만에 일비와 식비가 올랐지만 관내 출장 여비 1일 최고 한도액은 2만 원으로 변동이 없습니다.

이런 것만 봐도 평소 왜 관련규정을 연찬해야 하는지 답이 나옵니다. 앞으로 일하실 때 되도록 규정에 나오는 용어를 사용하는 것이 업무에 대한 이해도를 높이는 방편 중 하나일 겁니다.

이미 언급했듯이 2023년 3월 「공무원 여비규정」이 전격적으로 개정되면서 2006년 인상 이후로 17년 동안 변동이 없던 일비와 식비가 각각 5천 원씩 인상되었습니다.

그때는 정말 기뻤습니다.
첫 번째 이유는 일비와 식비는 제가 근무하는 동안은 오르지 않을 것이라고 이미 포기하고 있었기 때문입니다.

두 번째 이유는 국내 여비가 바로 기본 경비이기 때문입니다.

전국 120만 명이 넘는 공무원과 관련 공공기관 소속 인력까지 합치면 거의 몇 백만 명이 동시에 적용을 받기 때문에 제가 소관 담당자였더라면 절대 올리지 않았을 기본적으로 소요되는 경비이기 때문입니다.

그런데 웃긴 것이 2006년 짜장면 한 그릇이 3,000원이었는데, 2023년 짜장면은 한 그릇에 6,500원으로 두 배 이상 폭등했지만, 식비는 달랑 5천 원이 올랐다는 것이지요. 그래도 저는 참 좋았습니다.

그래서 현재 기준 여비지급항목별 금액은 식비와 일비는 2만 5천원, 운임은 실비, 숙박비는 서울의 경우 10만 원, 광역시는 8만 원, 그 밖의 지역은 7만 원을 상한액으로 실비 지급하는 것으로 정리되었습니다.

그렇다면 지금부터 구체적인 예시를 들면서 아리송한 여비에 대해 하나하나 알아보겠습니다.

Question

제 근무지는 창원이지만 집은 진주입니다. 월요일 아침 일찍 서울 출장이 잡혀 있어서 진주에서 서울로 바로 출발을 했습니다. 이럴 때 출장 여비는 얼마를 지급 받아야 할까요?

이 경우에 대해 본격적으로 알아보기에 앞서 먼저 근무지가 아니라 본인 집에서 바로 출장을 가도 될까요? 강의 시간에 이런 질문을 하면 대부분 이렇게 대답합니다.

"일찍 출장을 가야 한다면 집에서 바로 출장을 가는 게 효율적이지 않나요?"

백번 천번 맞는 말씀입니다.
그것이 일반인이라면 당연히 합리성과 효율성을 기준으로 판단하는 것이 옳습니다. 하지만 공무원은 합리성이나 효율성이 아닌 규정을 근거로 말하고 행동해야 합니다.

복무 규정상
출장은 근무지 출발을 원칙으로 하지만
주거지 출발의 경우도 예외적으로 인정한다는
내용이 있기 때문에
공무원이 출장 갈 때
집에서 바로 출발해도 위법하지 않은 행위가 됩니다.

아시겠지요?

그럼, 본론으로 돌아가서 이 경우 이설이 생기는 여비지급항목은 운임입니다. 다른 여비지급항목은 근무지에서 출발하든 주거지에서 출발하든 동일하지만 규정상 실비를 지급하는 운임의 경우는 이설이 발생할 수밖에 없습니다.

KTX 비용 기준, 근무지인 창원에서 서울을 가는 운임이 주거지인 진주에서 서울을 가는 운임보다 저렴합니다.

그렇다면 이 분은 주거지인 진주에서 출발을 했으니 당연히 지불한 금액 전체를 운임으로 지급 받을 수 있을까요?

그러면 좋겠지만 운임으로 지불한 전액을 보전받지 못합니다. 그 이유는 규정상 실비로 지급하는 여비지급항목은 원칙을 기준으로 정한 한도액과 실제 사용한 실비 중 더 낮은 금액을 지급하는 것이 대원칙이기 때문입니다.

이 경우 근무지인 창원에서 출발하는 것이 원칙이 됩니다.

그러므로 창원–서울 KTX 비용이 한도액이 되고 진주–서울 KTX 비용이 실비가 되므로 둘 중 상대적으로 낮은 금액인 창원–서울 KTX 비용을 지급받는 것이 합당합니다.

실제 더 큰 비용을 지불하고도 출장 여비는 더 적게 지급받게 되는 셈인데, 이 경우 지출 증빙은 당연히 진주–서울 KTX 승차권을 제출하면 됩니다.

그럼, 다음 사례로 넘어가 보겠습니다.

이 경우 역시 이설이 생기는 여비지급항목은 운임입니다.

가끔 일비나 숙박비를 언급하는 분들이 계시는데, 이것은 아주 심각하게 오판하는 것입니다. 당초 출장을 결재 받을 때는 당연히 근무일인 금요일까지 승인받았을 것입니다.

그러니 주말 동안 발생한 일비나 숙박비를 지급받을 수 있지 않을까 하는 생각 그 자체가 잘못된 것입니다.

주말 동안 본가에서 보내는 것은 온전히 본인의 선택일 뿐이고 지극히 개인적인 일이지 공무가 아니기 때문입니다.

그러므로 주말 동안 발생하는 출장 여비는 당연히 발생하지 않는 것이 원칙입니다.

그러하기에 이 경우 역시 금요일 귀임했을 때의 운임과 일요일 귀임했을 때의 운임에서만 차이를 보이는 것이 합당합니다.

따라서 주말을 제외한 출장 기간 동안의 여비를 지급받을 수 있지만 운임에 대해서는 실제 더 많은 금액을 지불한 일요일 운임이 아니라 한도액인 금요일 운임으로 지급받게 됩니다.

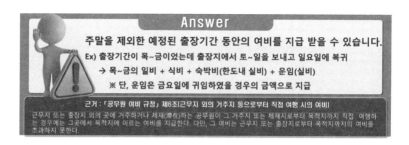

다음 사례로 넘어가 보겠습니다.

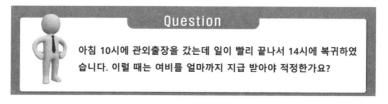

이 사례에서 이설이 생기는 여비지급항목은 여러분도 예상하셨다시피 식비입니다.

9시에서 18시까지, 즉 근무시간 이내로 설정된 출장 여비이지만
그중 일부의 시간만 다녀왔다고 일비를 감액하지는 않는 것이 일
반적입니다. 현지 교통비 등의 사유로 지급하는 일비는 출장을 다녀
오게 되면 시간의 많고 적음을 떠나 자연스럽게 발생할 여지가 있
는 비용이기 때문입니다. 하지만 식비는 다릅니다.

하루 3끼의 누적으로 2만 5천 원이라는 식비가 책정되어 있는 것
이므로 출장 시간이 얼마나 소요되느냐에 따라 차이가 발생하는 것
이 합당합니다.

하여 이 경우에 대한 행정안전부의 모범 답안은 상황에 따라 감
액하여 지급하는 것이 바람직하다입니다.

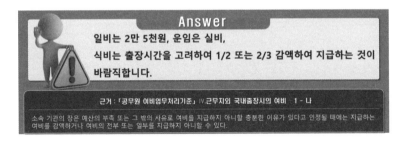

그런데 실제 일선 부서에서 이렇게 출장 여비를 지급하는 곳은
드문 것이 현실입니다. 모범 답안과 현실의 괴리 정도로 생각하면
되겠습니다.

명확하게 말할 수 있는 것은 현재까지 출장 시간에 따른 일비 감
액에 대한 감사 지적은 단 한 번도 없었다는 것입니다.

이제 관내 출장으로 넘어가 보겠습니다.

Question

오전에 1시간이 소요되는 관내출장을 다녀오고, 오후에 1시간이 소요되는 관내출장을 다녀왔을 경우, 두번의 관내출장 목적이 각각 다르다면 여비는 얼마가 적정한가요?

관내 출장 여비의 지급 한도는 1일 2만 원이고, 4시간 미만일 경우 1만 원을, 4시간 이상일 경우 2만 원을 지급하는 것이 원칙입니다.

이 질문에 대해서는 1만 원인지? 아니면 2만 원인지? 의견이 갈리기 마련입니다.

오전에 1시간과 오후의 1시간을 더하면 2시간이 되므로 4시간 미만에 해당되어 1만 원이 합당하다는 분도 계실 것이고 별개의 목적을 가진 별개의 출장이므로 당연히 각각 1만 원씩 출장 여비가 발생하여 총 지급되는 출장 여비는 2만원 이 합당하다는 분도 계실 겁니다.

결론부터 말하면 이 경우는 2만 원의 출장 여비가 맞습니다.

Answer

관내출장에서 발생하는 여비의 대원칙은 1일 2만원을 넘지 못한다는 것이며, 어떤 규정에도 출장시간 합산하여 처리한다는 내용은 없습니다. 따라서, 이런 경우에는 별건의 출장으로 처리하여 오전 관내출장 여비 1만원과 오후 관내출장 여비 1만원을 더한 2만원을 지급하는 것이 원칙입니다.

여비 관련 어떠한 규정에서도 출장 시간을 합산하여 처리한다는 내용은 없으므로 오전과 오후로 시간적 거리가 이격되어 있는 별건의 출장은 각각 계산해야 하기 때문입니다.

그렇다면 난이도를 조금 올려볼까요?

오전과 오후 어느 한쪽에 별개의 목적을 가진 관내 출장이 몰려 있는 경우는 어떨까요?

Question

오전에만 1시간이 소요되는 목적이 다른 관내출장을 2회 다녀왔습니다. 이럴 때는 출장비는 얼마를 받을 수 있나요?

이런 출장의 경우 출장을 다녀오겠다고 사무실에 말하고 하나의 출장을 완료한 후, 다시 사무실에 복귀해서 인사를 하고 또 다른 출장을 가는 분은 없을 겁니다. 그냥 한 번에 두 출장 모두를 처리하고 돌아오는 것이 일반적이니까요.

따라서 각각의 출장은 개별적인 출장으로 보지 않으므로 출장 여비는 1만 원을 지급하는 것이 합당합니다.

만약 이와 같은 경우를 출장 여비 2만 원으로 인정한다면 악용 사례가 너무 많아질 것이기 때문에 이는 나름 합리적인 이유가 있다고 할 것입니다.

Answer

이 경우 별개의 목적을 가진 출장이라 할지라도
한번의 출장처리로 2회의 출장 모두를 다녀올 수 있는 상황입니다.
따라서, 각각을 개별적인 출장으로 보지 않아 1만원을 지급합니다.
혹시 출장을 2건으로 나누어 낸다 하더라도 악용의 여지가 많기에
동일하게 1만원을 지급합니다.

그럼, 조금 더 난이도를 올려보겠습니다.

Question

그럼 오전(또는 오후)에만 2시간이 소요되는 목적이 다른
관내출장 2회를 다녀왔습니다. 이럴 경우의 출장비는 얼마인가요?

이 사례는 너무 애매모호 합니다. 각각의 출장이 2시간씩 소요되니까 다 합치면 4시간이 되고 출장 여비가 1만 원인지 2만 원인지 아리송합니다.

이 사례 역시 출장 여비는 1만 원이 합당합니다. 각각의 출장 시간을 합하면 4시간 이상이 되지만 출장 시간을 합산하여 여비를 산정하지 않으므로 하루의 반일에 해당하는 관내 출장으로 보는 것이 합당하기 때문입니다.

Answer

각각의 출장시간을 모두 합하면 4시간 이상이 되지만 출장시간을 합산하여 여비를 산정하지 않으므로,
반일에 해당하는 관내출장으로 보아 1만원을 지급하는 것이 타당합니다.

그런데 이것은 어디까지나 원칙이고 실제는 두 가지 목적의 출장에 대해 하나의 결재를 득한 이후 출장을 가게 되면 하나의 관내 출장에 4시간 이상이므로 출장 여비는 당연히 2만 원을 지급받는 것이 효과적이겠지요.

다음은 이미 많은 분들이 익히 잘 알고 계시는 관용차 사례를 살펴보겠습니다.

Question

관용차를 타고 2시간이 소요되는 관내출장을 다녀왔습니다.
이런 경우는 출장비는 얼마인가요? 1만원? 0원?

2시간이 소요되는 관내 출장을 나갈 경우 4시간 미만이므로 발생되는 출장 여비는 1만 원이지만 관용차를 이용했기 때문에 1만 원을 감액해야 합니다.

그래서 이 경우 발생된 출장 여비 1만 원에 감액 1만 원 하여 실

제 지급받을 수 있는 출장 여비는 0원입니다.

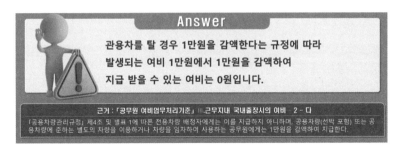

근거: 「공무원 여비업무처리기준」 III.근무지내 국내출장시의 여비 2 - 다

「공용차량관리규정」 제4조 및 별표 1에 따른 전용차량 배정자에게는 이를 지급하지 아니하며, 공용차량(선박 포함) 또는 공용차량에 준하는 별도의 차량을 이용하거나 차량을 임차하여 사용하는 공무원에게는 1만원을 감액하여 지급한다.

그리고 관외 출장에서 관용차를 이용할 경우는 일비의 50%를 감액하여 지급받습니다.

예전에는 관내 출장이든 관외 출장이든 관용차를 이용할 경우 여비 1만 원 감액으로 동일했지만 2023. 3월 출장 여비가 인상되면서 이렇게 관내 출장과 관내 출장의 여비감액 기준이 변경되었습니다.

이렇듯 모든 것이 별개의 것이 아니라 다 이유가 있고 이어져 있습니다.

예산도 그렇고 인생도 그러합니다.

그러니 자신에게 득이 된다 하여 가까이 하고, 득이 되지 않는다 하여 본체만체하는 행동은 별로입니다.

인생은 알 수 없으니까요.

다음은 단순한 논리인데 모르는 분들이 꽤 많은 운전직 공무원에 대한 여비 지급 사례입니다.

Question

저는 운전직 공무원입니다. 담당업무가 운전인데
관용차를 운전해서 출장을 갈 경우 출장비를 받아도 무방한가요?

운전직 공무원은 담당업무가 운전인데 출장비를 지급받는 것이 합당할까요?

자신이 담당하는 사업 추진을 위해 출장을 가는 일반 공무원들과 달리 출장지까지 운전하는 것이 공무에 해당할 수 있느냐 하는 겁니다.

당연히 지급받을 수 있습니다. 출장비는 초과근무수당과 같이 수고했다고 주는 보상적 성격의 수당이 아니라 출장지까지 도달하는 데 소요되는 경비를 보전해 주는 실비 성격의 수당이기 때문에 그 사람의 직렬이 무엇인지 어떤 일을 담당하는지는 출장 여비 지급에 고려 대상이 되지 않습니다.

다만 운전직 공무원인 관계로 대부분의 출장에는 관용차를 운전할 것이기 때문에 관용차 이용 시 감액 기준을 적용하여 출장 여비를 수령할 수 있습니다.

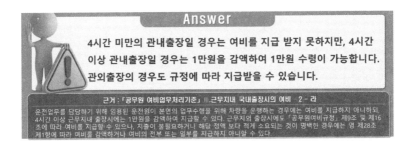

Answer

4시간 미만의 관내출장일 경우는 여비를 지급 받지 못하지만, 4시간 이상 관내출장일 경우는 1만원을 감액하여 1만원 수령이 가능합니다. 관외출장의 경우도 규정에 따라 지급받을 수 있습니다.

근거:「공무원 여비업무처리기준」Ⅲ.근무지내 국내출장시의 여비 - 2 - 라

운전업무를 담당하기 위해 임용된 운전원이 본연의 업무수행을 위해 차량을 운행하는 경우에는 여비를 지급하지 아니하되, 4시간 이상 근무지내 출장시에는 1만원을 감액하여 지급할 수 있다. 근무지내 출장시에도「공무원여비규정」제9조 및 제16조에 따라 여비를 지급할 수 있으나, 지출이 불필요하거나 해당 정액 보다 적게 소요되는 것이 명백한 경우에는 영 제28조 제1항에 따라 여비를 감액하거나 여비의 전부 또는 일부를 지급하지 아니할 수 있다.

그럼 가장 난이도가 높은 사례로 넘어가 볼까요?

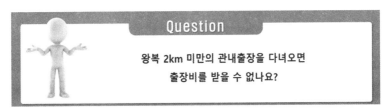

Question

왕복 2km 미만의 관내출장을 다녀오면 출장비를 받을 수 없나요?

왕복 2km 미만의 관내 출장을 갈 경우 출장비를 받을 수 있을까요? 아마도 대부분의 공무원은 지급받을 수 없다고 대답하실 겁니다. 그 이유가 바로 출장을 등록하는 인사랑시스템 때문인데요.

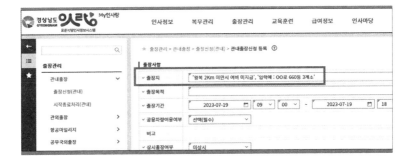

출장을 등록하려고 인사랑 시스템에 접속하면 출장지 입력란에

이런 문구가 적혀 있습니다.

'왕복 2km 미만 시 여비 미지급'

누가 어떤 경로로 어떤 목적으로 입력했는지 모르겠으나 저 문구 때문에 일반 공무원들은 왕복 2km 미만일 경우 여비는 지급받을 수 없다고 철석같이 믿고 있습니다.

그런데 규정상 왕복 2km 미만인 관내 출장의 경우도 여비를 지급받을 수 있습니다.

물론 예산이 지급되는 관계로 실비 지급을 위한 세금계산서, 신용카드 매출전표 등과 같은 증빙서류는 제출해야 하지만 4시간 미만 출장은 1만 원을, 4시간 이상 출장은 2만 원을 실비 상한액으로 지급받을 수 있습니다.

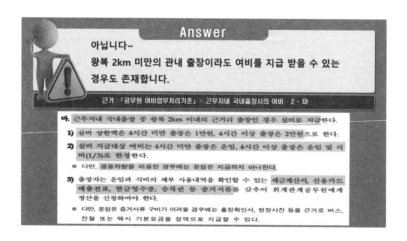

지금까지 내용들을 정리해서 여비의 법칙을 만들어 봤습니다. 앞으로 출장 여비를 지급하실 때 참고하시면 좋을 것 같습니다.

여비의 법칙

➤ 관내출장여비는 1일 2만원을 초과하지 못한다

➤ 복수의 관내 출장일 경우 출장시간을 합산하지 않는다
  관외출장여비는 한도액과 실비 중 적은 금액을 지급한다

➤ 관용차를 이용할 경우 관내출장여비는 1만원,
  관외출장여비는 일비의 ½을 감액한다

➤ 일비는 현지교통비, 음료수비 등 잡비에 사용되는 여비항목
  ➜ 일비감액기준 등을 고려해 볼 때 일비에 포함되어 있는
    현지교통비는 1만원 정도로 추정

그럼, 다음 시간에는 역시나 여러분들이 관심은 많지만 명확하게 잘 알지 못하고 있는 출장 여비와 시간외 근무수당의 관계에 대해 알아보겠습니다.

5장 출장여비와 시간외근무수당의 상관관계

관외 출장을 다녀올 경우 일반 공무원들은 고민합니다.

'오늘 시간외근무수당 받을 수 있는 거야? 없는 거야?'

누구도 시원하게 말해주는 사람도 없고 규정을 찾아봐도 애매한 것이 아리송한 영역입니다.

그래서 이번 장에서는 출장 여비와 시간외근무수당의 상관관계에 대해 알아보도록 하겠습니다.

먼저 출장을 가는데 필수적으로 소요되는 이동시간입니다.

Question

아주 멀리 당일 출장을 가게 되었는데요. 출장을 간 목적은 18시 이전에 달성을 하였는데 이동시간이 3시간이나 걸려서 21시에 사무실로 복귀했습니다. 이럴경우 초과근무수당을 받을 수 있을까요?

출장지가 너무 멀어 3시간이나 걸리는 곳을 다녀와서 몸이 너무 피곤하여 바로 퇴근하려고 하는데 시간외근무 실적을 등록해도 될까요? 안될까요?

행정안전부의 답변은 출장 이동시간은 시간외근무 실적 시간으로 인정하는 것은 불가하다입니다.

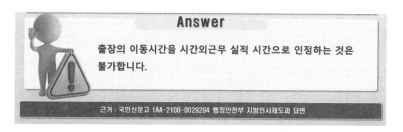

좀 황당한 부분입니다.

앞 장에서 말씀드렸듯이 여비지급항목은 일비, 식비, 운임, 숙박비 단 4가지 밖에 없고, 그마저도 정액이나 실비로 산정하여 지급하므로 아주 이른 시간부터 출장이거나 아주 늦은 시간까지 출장일 경우 출장 여비로 추가적인 비용을 지급할 수가 없습니다.

다시 말해, 18시에 출장 목적이 종료되어 사무실까지 복귀하는데 3시간이 걸렸지만 이 3시간에 대해서는 출장 여비로도 시간외근무 수당으로도 보상되지 않는다는 논리이니 말입니다.

안타깝지만 공무로 출장 간 공무원에게 해당 시간에 대한 희생을 요구하는 구조인 셈입니다.

그럼 본격적으로 알아보겠습니다.

당일로 관외출장을 갈 예정인데요. 만약 시간이 오래 걸려서 업무시간 이후에 초과근무를 하게 되는 경우, 출장비와 초과근무수당은 함께 받아도 무방한가요?

당일로 관외 출장을 다녀왔을 경우 출장비와 초과근무수당을 함께 받아도 무방한지에 대한 질문입니다.

규정을 찾아보신 분들은 한결 같이 대답하실 겁니다.

"병급이 불가하다~"

Answer

국내출장에 따른 여비와 시간외근무수당은 원칙적으로 병급할 수 없습니다.

이럴 때 규정에 대한 면밀한 해석이 필요합니다. 왜냐하면 규정이 애매하기 때문입니다.

「공무원 보수 등의 업무지침」 Ⅷ.수당 등의 지급방법 - 2 - 바

국내출장수당 등을 전액 지급하되, 시간외근무수당, 야간근무수당 및 휴일근무수당은 원칙적으로 지급할 수 없다.
다만, 출장의 목적상 필연적으로 시간외근무의 발생이 예상되는 공무원으로서 근무명령에 따라 출장 중 또는 출장 후 「국가공무원 복무규정」상의 근무시간외에 근무를 한 공무원에게는 Ⅵ. 7의 절차를 거치고 실제로 초과근무한 시간에 대하여 명백히 인정할 수 있는 객관적인 증빙자료가 있는 경우에 한정하여 초과근무수당을 지급할 수 있다.

규정의 최초 문장이 '국내출장수당은 지급하되, 시간외근무수당은 지급할 수 없다'이므로 이 규정을 찾아본 분들은 대부분 출장여비와 시간외근무수당은 병급할 수 없다고 확신할 것입니다. 주변에 확실하다고, 규정에 나온다고 자신 있게 주장할 것입니다.

그런데 해당 규정의 결정적 흠결은 출장지에서 초과근무를 하는지 복귀해서 사무실에서 초과근무를 하는지에 대한 전제가 없다는 것입니다.

그래서 뒤에 단서와 함께 종합적이고 면밀한 해석이 필요한 것입니다. 2021년도에 애매한 저 규정에 대한 해석을 위해 행정안전부에 질의를 한 분이 있었습니다.

관외출장 시 시간외근무 인정여부

관외출장 시 시간외근무수당 지급 가능 여부에 관하여 두가지 질문드립니다.

1. 관외출장이 11시 ~ 18시인 경우, 관외출장 전에 시간외근무명령에 따라 1시간 이상 조기출근하여 본연의 업무를 수행한 경우 시간외수당 지급 가능여부

2. 관외출장이 09시 ~ 16시인 경우, 관외출장 후 근무지로 근무시간종료 이전에 복귀하여 근무시간 종료 이후에 근무지에서 시간외근무를 실시한 경우 시간외수당 지급이 가능 여부

2021-09-24

답변

나. 근무지외국내출장 전에 시간외근무명령에 따라 1시간 이상 조기 출근하여 실제 본연의 업무를 수행한 경우 해당 시간외근무시간에 대해서는 시간외근무수당 지급이 가능합니다. 근무지외국내출장 후 근무시간 종료 전에 사무실에 복귀한 후, 근무시간 이후에 시간외근무명령에 따라 실제 본연의 업무를 수행한 경우 1시간을 공제한 시간에 대하여 시간외근무수당 지급이 가능합니다.

행정안전부의 답변은 그대로 출장지가 아닌 근무지에서의 초과근무는 사전에 승인을 득하여 가능하다는 것입니다.

정리해 보면 관외 출장을 가게 되면 현지에서 초과근무를 하거나 복귀 후 근무지에서 초과근무를 하는 두 경우밖에 존재하지 않습니다.

해당 규정은 출장 시 현지에서 시간외근무를 하게 되면 원칙적으로 시간외근무수당을 지급할 수 없다는 것입니다. 하지만 사전명령 후 명백히 인정할 수 있는 객관적 증빙자료가 있으면 가능하다는 것이지요.

그리고 출장 목적이 종료된 이후 근무지에 복귀하여 시간외근무를 하게 되면 시간외근무수당은 지급 가능하지만 출장 이동 시간은 시간외근무실적에 미포함한다는 의미입니다.

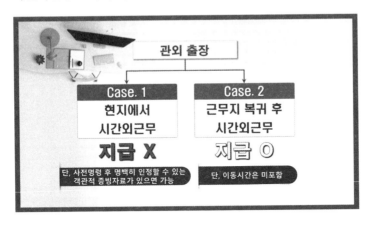

그런데 참 이상하지 않나요?

규정에서는 출장 여비와 시간외근무수당을 왜 이렇게 동일선상에 두고 된다, 안된다를 판단하는 것일까요?

두 경비의 성격은 엄연히 다른데 말입니다.

출장 여비는 '공무로 여행하는 경우'에 지급하는 비용으로서 출장에 소요되는 경비에 대해 보전해 주는 실비 성격의 경비입니다.

하지만 시간외근무수당은 근무명령에 따라 규정된 근무시간 외에 근무한 공무원에게 지급하는 보상 성격의 경비입니다.

> 여비는 '공무로 여행을 하는 경우'에 지급하는 경비이며, 공무의 원활한 수행과 예산의 적정한 지출을 도모하여야 함
>
> ➔ 출장에 소요되는 경비에 대해 보전해 주는 실비 성격
>
> 시간외근무수당 은 근무명령에 따라 규정된 근무시간 외에 근무한 공무원에게 지급하는 경비
>
> ➔ 정규 근무시간 이외의 근무에 대한 보상 성격

따라서 완전히 성격이 다른 두 경비를 하나의 잣대를 두고 중복인지 아닌지를 판단하면 안 됩니다.

거기다 앞서 말씀드렸듯이 출장 이동시간을 포함한 출장 시간이 법적으로 정해진 업무시간을 초과하는 등의 부득이한 사정이 발생하더라도 출장 여비로는 추가적인 지급을 할 수 없으므로 만약 출장 이동시간을 시간외근무실적으로 인정하지 않는다면 앞에서 언급했듯이 공무원에게 일방적인 희생을 강요하는 부분이 되는 것입니다.

출장이동시간을 포함한 출장시간이 법적으로 정해진 업무시간을
초과하는 등의 부득이한 사정이 발생 하더라도 여비의 추가적인
지급에 대한 규정은 없음

➔ 출장지에서 수행하는 업무에 대한 보상은 여비로 계상 될 수
없음을 의미

실제 시험 감독, 강의, 선거 종사, 면접과 같은 특수한 목적을 수
행하는 경우는 그 대가로 수당도 받고 출장 여비도 병급하여 지급
받게 되어 있습니다.

따라서 특수한 목적과 유사하게 시간외근무는 어디에서 하든 어
떤 목적으로 하든 법적으로 정해진 업무시간을 초과하였기에 보상
이 이루어져야 합니다.

시험 감독, 강의, 선거 종사, 면접 등 특수한 목적을 수행
하고 그 대가로 수당을 받는 경우에 해당 수당과 함께 여비를
병급할 수 있음

➔ 여비는 공무를 원활히 수행하기 위해 특정한 지점에
도달하는데 소요되는 경비를 지급하는 개념임
➔ 특수한 목적과 유사하게 시간외근무에 대한 보상은
이루어져야 함을 의미

결론적으로 본연의 업무나 특정 업무를 수행하는 데에 대한 보상적 성격의 경비와 업무 수행지에 도달하는 데에 소요되는 실비 성격의 경비는 동일 분류의 수당으로 고려되어서는 안 되며, 이는 시간외근무수당과 여비의 목적, 성격에 대한 오인에서 비롯된 착오로 판단되므로 국내출장의 경우 시간외근무수당은 원칙적으로 지급할 수 없다는 규정은 삭제되어야 합니다.

아울러 출장의 목적 달성을 위해 필수 불가결한 요소인 이동시간은 업무시간에 포함되어야 한다고 생각합니다.

결론

본연의 업무나 특정 업무를 수행하는데에 대한 보상적 성격의 경비와 업무 수행지에 도달하는데에 소요되는 실비 성격의 경비는 동일 분류의 수당으로 고려되어서는 아니되며, 이는 시간외근무수당과 여비의 목적과 성격에 대한 오인에서 비롯된 착오로 판단됨

→ 따라서, 국내출장의 경우 시간외근무수당은 원칙적으로 지급할 수 없다는 규정은 삭제되어야 하며, 출장의 목적 달성을 위해 필수 불가결한 요소인 이동시간은 시간외근무실적에 포함되어야 함

잘못된 것이 있으면 바로 잡는 것이 합당할 터이니 이와 관련하여 주무부처에 지속적으로 건의해 나갈 예정입니다.

행동하지 않고 변화를 바란다는 건 스스로 변화하지 않겠다고 다짐하는 것과 같은 의미이니까요.

너무 진지했나요?

지치시면 쉬엄쉬엄 천천히 따라 오시더라도 도중에 포기하지 않으시길 희망해 보면서 다음 장에서는 소모품과 비품에 대해 알아보겠습니다.

공무원이 살 수 있는 물건의 종류에는 무엇이 있을까요?

종이, 볼펜, 컴퓨터 등이라고 대답하는 분들이 있으신데 구체적 물품 말고 분류체계로 나눠보면 어떨까요?

맞습니다.

소모품과 비소모품으로 나눌 수 있습니다. 여기서 비소모품이라는 용어는 기니까 줄여서 비품이라 칭하는데요.

소모품은 일반적으로 마법의 과목인 201-01 사무관리비로 구입하고, 비품은 일반적으로 405-01 자산 및 물품취득비로 구매합니다.

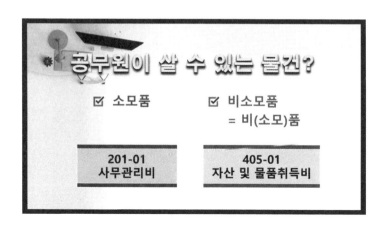

그러므로 이 물품이 소모품인지 비품인지를 구분하는 것은 매우 중요한데, 이는 구매할 수 있는 예산과목이 달라지기 때문입니다. 두 물품을 구분하는 것은 규정으로 정해 놓았습니다.

「공유재산 및 물품 관리법」 및 같은 법 시행령,

「지방자치단체 물품관리 운영기준」,

「지자체별 물품관리 조례」 등이 그것입니다.

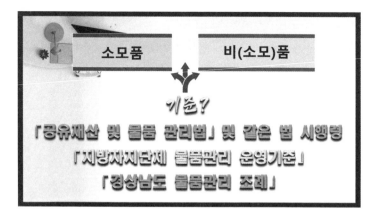

먼저 「공유재산 및 물품 관리법」을 살펴보겠습니다.

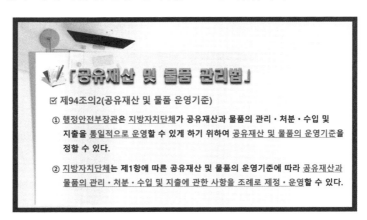

행정안전부 장관이 지방자치단체가 통일성 있게 운영할 수 있도록 기준을 정할 수 있고, 해당 기준에 따라 지방자치단체는 조례로 제정, 운영할 수 있다는 것입니다. 여기에 함정이 있습니다.

놀랍게도 행정안전부가 정하는 「지방자치단체 물품관리 운영기준」은 법령도 행정규칙도 아니라는 것입니다.

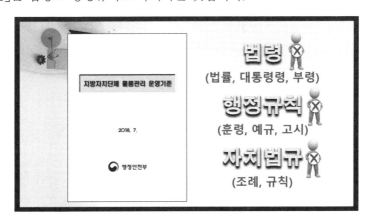

따라서 일반적으로 법령이 개정될 때, 반드시 따라야 하는 구속력을 가질 수 없는 구조입니다

그래서 아주 웃긴 해프닝이 발생했는데 2018. 7월 「지방자치단체 물품관리 운영기준」이 전면 개정됩니다.

소모품을 결정하는 기준 금액이 10만 원에서 50만 원으로 확~ 인상된 것입니다. 물가상승분 등을 반영한 결과로 보입니다.

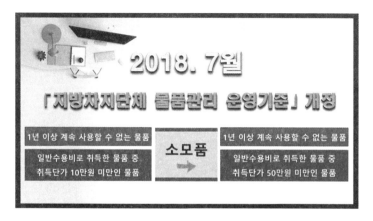

하지만 이것이 구속력이 없으니 대부분의 지자체는 바로 조례를 개정하지 않았고 한참이 지난 지금까지도 여전히 이전 기준이 조례에 그대로 남아 있는 지자체도 꽤 있을 정도입니다.

조례를 개정한다는 것이 매우 귀찮고 번거로운 관계로 회계 부서 담당자들도 2년만 버티자 하는 심정일 텐데, 이것이 문제되는 이유는 소모품의 사각지대가 발생하기 때문입니다.

「〇〇시 물품관리 조례」

소모품

내용연수가 1년 미만인 물품

내용연수가 1년 이상으로 취득단가 10만원 미만의 물품

0원~10만 원까지 물품은 어디에서나 소모품으로 취급하고 50만 원 이상의 물품은 어디에나 비품으로 취급하니 전혀 문제가 될 소지가 없지만 10만 원에서 50만 원까지 물품에 대해 행정안전부는 소모품으로 취급하고 규정을 개정하지 않은 지방자치단체는 비품으로 취급하게 되는 것입니다.

말 그대로 아버지를 아버지로 부르지 못하는 상황이 발생하는 것인데, 그래서 저는 회계 부서에 정말 꾸준히 조례 개정을 요구했고 그 결과 2023년이 되어서야 비로소 조례가 개정되었습니다.

예산의 줄기와 잎, 자세히보기

불합리하거나 잘못된 절차에 대해서는 목소리를 내고 합리적으로 이견을 제기해야 합니다. 그런 움직임들이 더해지는 과정에서 변화는 조금씩 이뤄지기 마련이니까요.

아무것도 하지 않으면
아무 일도 일어나지 않습니다.

부디 행동하는
여러분이 되길 희망해 보면서

다음 장에서는 예산의 전체를 바라보기 위해 필수적으로 알아야 할 순세계잉여금에 대해 알아보도록 하겠습니다.

7장 순세계잉여금을 알면 예산을 보는 시야가 넓어져

　사람들이 예산을 싫어하는 이유 중 하나가 대부분의 용어가 한자어로 되어 있고 그런 용어 자체에 대한 이해도가 떨어지기 때문입니다.

　예산이란 것은 워낙에 오래전부터 시작됐고 그것을 바탕으로 계속 발전해 오다 보니 용어 자체를 개정하기가 어려운 여러 사정이 있었을 것입니다. 그런데 찬찬히 들여다보고 풀어보면 그다지 어려운 것도 아닙니다.

　그중 하나가 바로 순세계잉여금(純歲計剩餘金)입니다. 순세계잉여금은 글자를 쪼개서 들여다보면 이해가 쉽습니다.

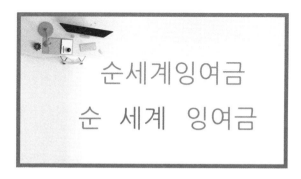

일단 '세계'부터 살펴보면 해 세(歲)에 셀 계(計)자를 씁니다. 쉽게 말해 한 회계연도 내의 세입과 세출의 총계를 의미합니다.

여기에 잉여금을 붙이면 '세계잉여금'이 되고 이것은 1년 동안 발생한 초과 세입과 세출 불용액의 합계입니다.

쉽게 말해 1년 동안의 전체 세입에서 전체 세출을 차감한 금액을 의미하며, 더 쉽게 말하면 금고에 실제 남아 있는 잔액 전체를 의미합니다.

여기에 순수할 순(純) 자를 붙이면 비로소 '순세계잉여금'이 완성됩니다.

순수한 세계잉여금을 뜻하는 '순세계잉여금'은 세계잉여금 중 사용할 곳이 정해져 있는 반납 대상 보조금 잔액과 이월 예산을 제외한 금액입니다.

쉽게 말해 1년 동안의 전체 세입에서 전체 세출을 차감한 금액에서 사용할 곳이 정해져 있는 경비를 제외한 금액입니다.

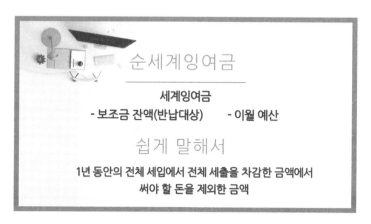

이런 의미의 '순세계잉여금'은 결산이 끝나야 확정됩니다. 그래서 매년 5월 결산이 끝나고 나면 이 '순세계잉여금'을 주요 재원으로 해서 추가경정예산을 편성하게 되므로 '순세계잉여금'을 알면 전체적인 예산 흐름을 아는 것이기 때문에 중요한 개념이 됩니다.

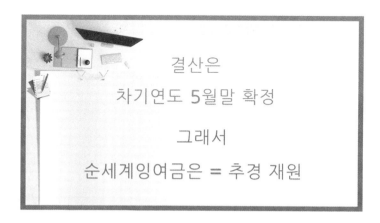

하루가 다르게 과학기술이 발전하고 있는 요즘 회계연도가 끝나고 나면 대충의 '순세계잉여금' 규모는 산출되는 것이 당연한 이치입니다.

그러니 안 그래도 가용 재원이 부족한 요즘 얼른 이 '순세계잉여금'을 활용하고 싶을 것입니다.

그런데 '순세계잉여금'을 바로 사용할 수 없는 이유가 「지방회계법 시행령」 제16조 및 제17조 때문입니다.

「지방회계법 시행령」

제16조(결산상 잉여금의 처리) 지방자치단체의 장은 매 회계연도의 결산상 잉여금이 있는 경우에는 다음 각 호에 해당하는 금액을 다음 연도 세입에 이입(移入)해야 한다.
1. 법 제19조 각 호의 금액
2. 결산상 잉여금 중 법 제19조에 따라 지방채의 원리금 상환에 사용하고 남은 금액

제17조(결산상 잉여금의 결산 전 이입) 제16조 각 호에 해당하는 금액은 같은 조에도 불구하고 회계연도가 시작된 후 자금형편상 부득이한 경우에만 전년도 세입·세출의 결산 이전이라도 당해 연도의 세입에 이입할 수 있다.

해당 조문을 풀어보면 결산상 잉여금이 있는 경우에만 잉여금을 사용할 수 있으므로 결산이 끝난 이후에 잉여금에 대한 사용이 가능하다는 의미이고, 만약 결산 이전이라도 부득이한 사정이 있을 경우에는 회계연도가 시작된 후에 잉여금을 사용할 수 있습니다.

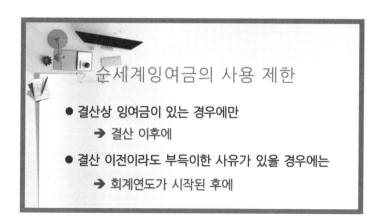

지금까지 순세계잉여금의 의미와 원리에 대해 알아봤으니 실제로 세계잉여금과 순세계잉여금이 얼마나 발생하는지 살펴보겠습니다.

경상남도의 2019 회계연도 결산 결과를 보면 세계잉여금은 6천 55억 원가량입니다.

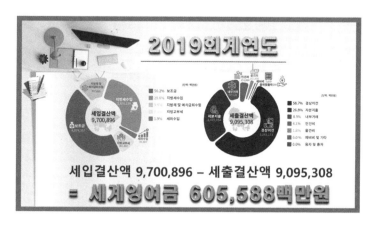

여기서 사용할 곳이 정해져 있는 경비를 제외하면 순세계잉여금

은 1,876억 원가량 되고, 초과세입금 1,093억 원과 집행 잔액 783억 원이 순세계잉여금의 발생 원인이 됩니다.

이런 식으로 결산의 결과를 보면 자연스럽게 순세계잉여금에 대한 계산과 이해가 됩니다.

매년 비슷한 규모로 발생하던 순세계잉여금이 2021회계연도 결산에서는 급격하게 증가합니다.

세계잉여금은 6,397억 원으로 다른 회계연도와 비슷한 규모이지만 순세계잉여금은 무려 3,305억 원 정도로 다른 회계연도 대비 두 배가량으로 증가합니다.

왜 그럴까요?

그 해답은 아마도 선거 일정과 연관이 있을 것입니다.

민선 8기의 시작이 2022년 7월 1일이었고 2021회계연도 결산은 2022년 5월에 확정되니까요. 아마도 새로운 지자체장은 가용 재원이 많으면 많을수록 좋아할 테니 말입니다.

이렇듯 예산은 정치의 산물입니다.

전통적으로 보수가 정권을 잡으면 재정건전성에 역점을 두고, 진보가 정권을 잡으면 경제 활성화에 역점을 두는 것 또한 예산의 방향성을 크게 좌지우지하게 됩니다.

그럼, 다음 장에서는 지방공무원이라면 꼭 알아야 할 지방보조금에 대해 알아보겠습니다.

8장 지방보조금은 꼭 알아둬~

◉ 지방보조금을 알아야 하는 이유

지방공무원이 반드시 알아야 할 분야는 무엇일까요?

물론, 인사말도 잘 쓰면 좋고, 행사 계획도 뚝딱 만들 수 있으면 좋고, 공문서 작성도 매끄럽게 잘 해내면 좋겠지요.

회계의 원리도 알면 좋고 인사나 조직, 감사에 대해서도 알아두면 좋을 것입니다. 그 수많은 분야 중에 중요도로는 두 번째라면 서러울 것이 저는 지방보조금이라 생각합니다.

그 이유가 뭘까요?

지방보조금 예산이 지방자치단체 예산의 2/3 이상을 차지하기 때문입니다.

목그룹 비율을 살펴보면 대부분의 지자체 예산 중 보조금목이 편성되어 있는 300 경상이전과 400 자본지출 목그룹이 차지하는 비율이 상당합니다.

우선 경상남도 예산부터 보겠습니다.

전체 예산 규모에서 자그마치 83.4%나 차지하고 있는 것을 알 수 있습니다. 광역지자체라서 그렇다고 할 수도 있으니 이제 기초지자체 사례를 보겠습니다. 먼저 창원시 예산입니다.

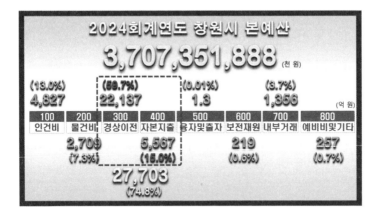

경상남도 보다는 조금 덜하지만 그래도 74.8%를 차지하고 있습니다.

규모가 큰 기초지자체라 그럴 수도 있으니 규모가 작은 함안군 예산도 보겠습니다.

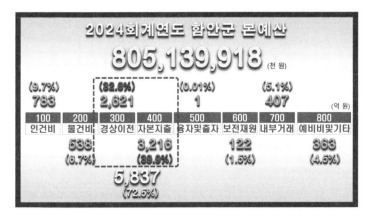

72.5%의 점유율 보이시나요?

다시 말해 기본적인 인건비, 행정운영경비 외에는 대부분을 보조금 예산이 차지하고 있다고 해도 과언이 아닐테니, 당연히 지방공무원은 지방보조금에 대해 알고 있어야 할 것입니다.

◉ 지방보조금이란?

그렇다면 지방보조금은 과연 어떤 녀석일까요?

먼저 지방보조금은 「지방자치단체 보조금 관리에 관한 법률」 제2
조에 정의되어 있습니다.

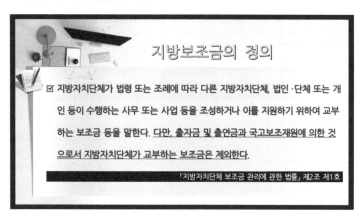

원래 예산 관련 조문은 한자가 더해져서 직관적으로 해석하기 곤
란한데, 쉽게 말해 국고보조금으로 교부되는 금액은 지방예산이 아
니고, 국고보조금에 매칭되는 지방예산이나 자체 사업 예산만 지방
보조금이라는 의미입니다.

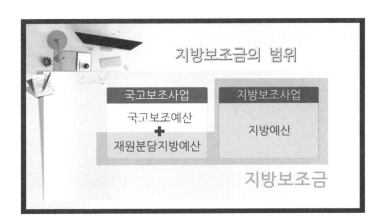

지방보조금인지? 아닌지?를 구분해야 하는 원천적인 이유는 지방보조금관리위원회의 심의를 받아야 하는지? 아닌지?를 먼저 판단해야 하기 때문입니다.

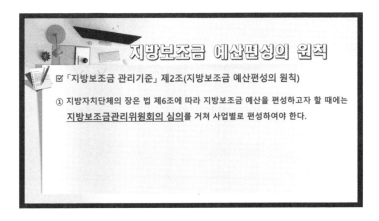

이렇듯 지방보조금 예산을 편성하기 위해서는 지방보조금관리위원회의 심의를 거쳐야 하지만 예외 없는 원칙은 없듯이 심의를 받지 않아도 되는 심의 제외 대상 역시 정하고 있습니다.

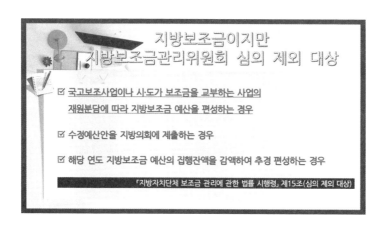

이것을 보면 지방보조금이지만 위원회 심의를 거치지 않아도 되는 지방보조금을 알 수 있습니다.

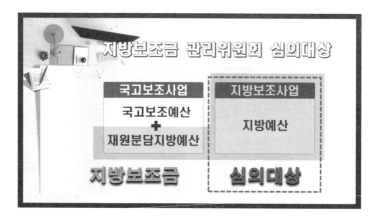

쉽게 말해 지방보조금관리위원회의 심의를 거쳐야 하는 지방보조금은 해당 지자체 자체 사업뿐입니다. 나머지는 심의를 거치지 않아도 되는 것입니다.

◉ 경상보조와 자본보조를 구분해 볼까?

지방보조금은 크게 경상보조와 자본보조로 나눌 수 있습니다.

경상보조는 통상적인 사업 활동을 위해 반복적으로 발생하는 비용에 대한 보조입니다.

쉽게 말해 쓰고 없어지는 성격이란 말이지요.

이와 반대로 자본보조는 고정자산에 관한 지출 중에서 고정자산의 가치를 증가시키고 가용연수를 증가시키는 보조입니다.

쉽게 말해 비용이 투입되고 나면 현물이 남는 다는 말입니다.

이렇듯 경상보조와 자본보조는 완전히 성격이 다르기 때문에 자연히 목그룹이 다를 수밖에 없는데 경상보조금은 300번 목그룹이고 자본보조금은 400번 목구룹에 포진해 있습니다.

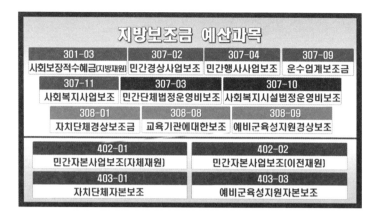

지방보조금 예산과목			
301-03	307-02	307-04	307-09
사회보장적수혜금(지방재원)	민간경상사업보조	민간행사사업보조	운수업계보조금
307-11	307-03		307-10
사회복지사업보조	민간단체법정운영비보조		사회복지시설법정운영비보조
308-01	308-08		308-09
자치단체경상보조금	교육기관에대한보조		예비군육성지원경상보조
402-01		402-02	
민간자본사업보조(자체재원)		민간자본사업보조(이전재원)	
403-01		403-03	
자치단체자본보조		예비군육성지원자본보조	

그런데 앞부분에서 교부되는 예산은 지방보조금이 아니라고 했으니 402-02 민간자본사업보조(이전 재원)를 제외하면 지방보조금 예산과목은 단 13개뿐입니다.

● 보조금과 위탁사업비의 관계

보조금 관련 업무를 하다 보면 위탁사업비와 그 성격이 엄청 유사하다는 것을 알게 됩니다.

그래서 보조금과 위탁사업비를 헷갈리시는 분들이 많습니다. 보조금과 위탁사업비는 사촌지간입니다.

먼저 교부결정 및 교부통지 공문을 살펴볼까요?

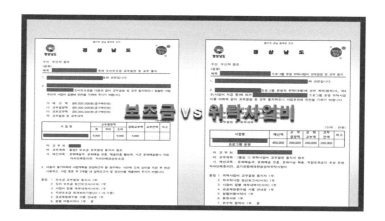

너무 비슷하지 않습니까?

사촌이 아니라 형제 같아 보입니다.

그 이유가 보조금은 관련 법령이 정말 많지만 위탁사업비는 관련 법령이 지자체의 조례밖에 없기 때문입니다.

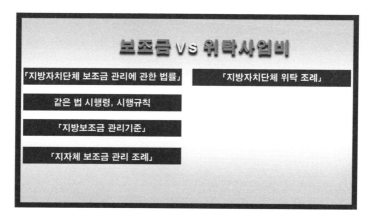

그러니 위탁사업비를 집행하고 정산하는데 얼마나 애로가 많겠습니까.

그래서 「지방자치단체 회계관리에 관한 훈령」에 위탁사업비 예산
과목마다 이런 문구를 적어 놓았습니다.

"사업비의 정산은 민간이전(307목)의 예와 같이 한다."

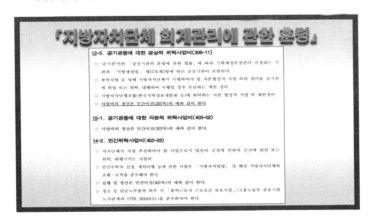

아시겠지요?

그래서 교부결정하는 업무도 비슷해 보이고 정산하는 업무도 비
슷해 보일 수밖에 없는 것입니다.

그런데 둘은 엄연히 다를 수밖에 없습니다.

보조는 말 그대로 보태어 돕는다는 의미이고, 위탁은 사무의 처리
를 다른 사람에게 맡겨 부탁하는 일입니다.

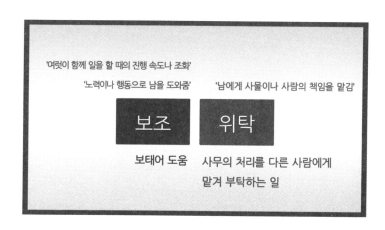

그러니까 보조금은 남이 하는 사업에 보태주는 것인데, 위탁사업비는 우리가 해야 할 사업인데 남에게 맡기면서 비용을 주는 것입니다.

엄연히 그 의미가 다릅니다. 예산편성 근거도 다릅니다.

보조금은 「지방재정법」에 예산편성 근거를 두고 있지만, 위탁사업비는 「지방자치법」에 예산편성 근거를 두고 있습니다.

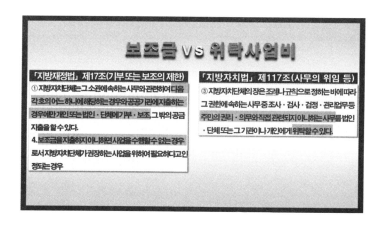

그러니까 둘은 족보가 다른 친구들입니다. 단지 비슷해 보일 뿐입니다.

그런데 두 친구가 결정적으로 다른 부분은 교부결정을 할 때 나타납니다.

지방보조금 교부결정 공문에는 수많은 첨부서류에 "지방보조금 회계처리기준"이 첨부됩니다. 위탁사업비 교부결정 공문에는 수많은 첨부서류 중 "위수탁 협약서"가 첨부되고요.

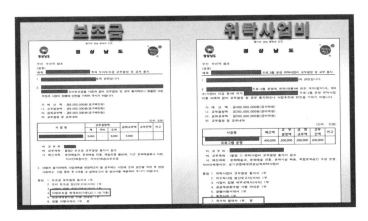

지방보조금 회계처리기준에는 보조금 예산에 대한 관리 및 집행 세부기준이 명시되어 있고, 위탁협약서 역시 예산의 성격과 위탁기간, 집행기준 등이 명시되어 있습니다.

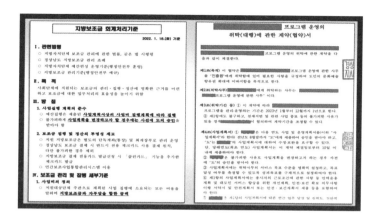

대부분 민간이나 공공기관에 나가는 보조금과 위탁사업비는 지방예산이므로 민간 영역에서 사용하지만 공적인 부분의 집행 원칙을 준용할 수 있도록 기준을 마련하는 것입니다.

이 두 서류가 정말 중요한 이유는 이 서류를 근거로 나중에 정산 작업이 이루어지기 때문입니다.

그래서 해당 서류에 명시되지 않은 내용에 대해서는 아무리 예산을 잘못 써도 지적할 수도 반환받을 수도 없기 때문에 신중하고 꼼꼼하게 작성해야 합니다.

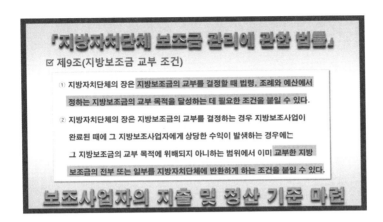

이렇듯 비슷해 보이면서도 다른 것이 지방보조금과 위탁사업비라는 친구들입니다.

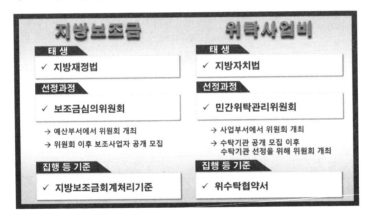

● 보조금 정산은 이렇게

보조금 업무 중 가장 중요한 부분은 아마도 정산일 텐데요.

정산검사는 보조사업자가 정산보고서 등을 가지고 실적보고를
하게 되면 이루어지는 절차인데, 비슷한 용어가 여러 번 반복되니
헷갈려 합니다.

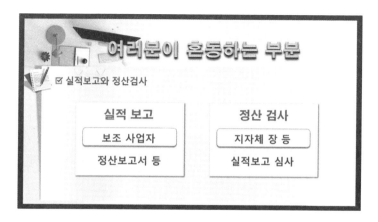

「지방자치단체 보조금 관리에 관한 법률」과 같은 법 시행령을 보
면 지방보조사업자는 지방보조사업을 완료하였을 때, 지방보조사
업 폐지의 승인을 받았을 때, 회계연도가 끝났을 때, 이렇게 3가지
경우에 해당하면 2개월 이내에 실적 보고를 해야만 합니다.

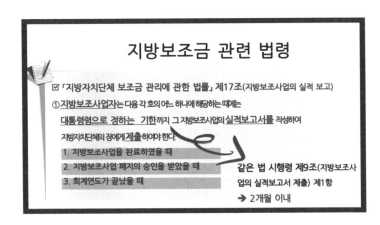

보조사업자가 하는 것이 실적 보고이기 때문에 "정산검사는 시한
이 정해지지 않은 거네." 하며 좋아할지 몰라도 어디 예산이 그렇게
허술하던가요.

「지방보조금 관리기준」을 보면 지방보조금 집행 잔액, 이자, 사업
수익금은 사업이 완료된 해의 다음 연도 내에는 반납이 완료될 수
있도록 조치를 취해야 한다고 명시되어 있습니다.

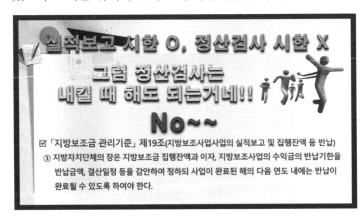

좋다가 말았습니다.

이렇게 정산보고에 대해 세부적인 규정이 많은 것은 지방보조금이 허투루 쓰이지 않도록 안전장치를 마련한 부분도 있지만 그만큼 실수를 많이 하기 때문입니다.

이런 경우도 있는데요.

A사업과 B사업으로 이루어진 매년 하는 연례 반복적인 보조사업인데 보조사업자가 실수로 A사업으로만 지방보조금 교부신청을 한 겁니다.

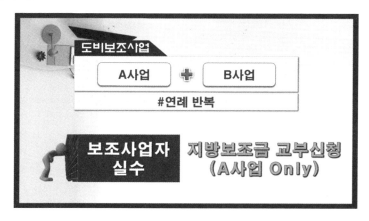

사업자는 동일하지만 공무원은 주기적으로 인사이동을 하므로 바뀐 공무원이 이걸 몰랐던 것입니다.

언제 알았냐 하면 도에서 교부결정 통지가 내려와서야 그때 알게 된 것입니다.

그런데 보조사업을 하다 보면 이런 일이 비일비재하니까 보조사업자에게 사업 내용을 수정해서 수정교부신청을 해달라고 요청하는 절차를 거치면 아무 문제가 없습니다.

그래서 수정 공문이 시군담당자에게 접수까지 된 것입니다.

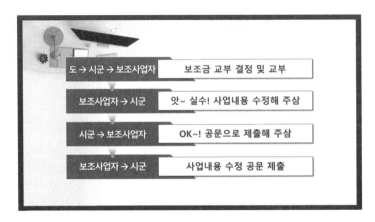

여기까지는 괜찮습니다. 아무 문제가 없어요.

그런데 지금부터 문제가 발생합니다.

시군담당자가 사업 내용 수정 공문을 도에 제출하지 않은 것입니다.

그러니 보조사업자는 수정 신청한대로 예년처럼 A사업과 B사업을 추진하고 사업실적 보고를 하게 됩니다.

그제야 시군담당자는 알게 됩니다. 도에 수정승인을 득하지 않았다는 사실을 말입니다.

이럴 때 어떻게 해야 할까요?

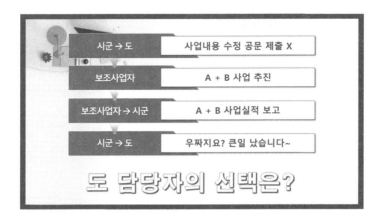

당시 제게 질의를 했던 도 담당자가 그러더군요.

"보조사업자는 잘못이 없잖아요. 너무 불쌍해요."
정말 불쌍할까요?

보조사업자도 책임이 있습니다. 그것도 상당합니다.
왜냐하면 사업 내용의 변경을 신청했을 뿐이지 승인을 받은 적이 없기 때문에 임의로 사업을 변경해서 수행한 격이 되니 과실이 적다고 할 수 없을 테니까요.

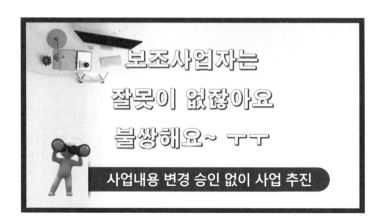

만약 담당자가 온정에 이끌려 예년과 같이 A+B 사업으로 정산검사를 실시하게 되면, 처분 받을 소지가 커집니다. 그렇게 정산검사를 할 근거가 없으니까요.

승인해 주지 않은 사업 내용을 정산해주는 꼴이니 문제가 커질 수 있습니다.

이럴 때는 단호해야 합니다.

단호하게 교부결정한 대로
A사업으로만 정산검사를 실시하고
B사업의 지방보조금에 대해서는 반납 받아야 합니다.

그게 원칙입니다. 어쩔 수 없습니다.

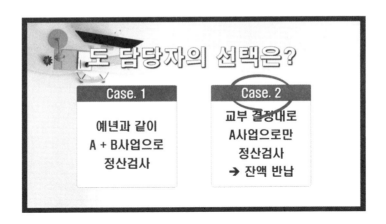

그래서 아무리 업무가 바쁘더라도 지방보조금 업무는 돌다리를 두드리는 심정으로 해나가야 합니다.

삐끗해서 잘못되면 직접적으로 돈과 연관되기 때문에 심각해질 소지가 다분하기 때문입니다.

지방보조금은 워낙에 중요하다 보니 많은 지면을 할애 했는데 도움이 되셨는지 모르겠습니다.

이로써 알고 보면 별것 없는 예산 이야기는 마무리되었습니다. 정말 우락부락해 보이던 예산이 별것 없네~ 하고 느껴지지 않으시나요? 어떤 업무를 하든 마찬가지입니다.

미리 겁먹고 두려워하지 마시고 일단 부딪쳐 보면 익숙해지기 마련입니다. 거기다 단순화 과정을 거치게 되면 정말 아무것도 아닌

게 되곤 하지요.

    부디 여러분의 앞날이 두려움 없는 도전을 통해 나날이 밝아지길 희망하면서 이 책에 관심을 가져주신 모든 분들께 감사의 말씀을 전합니다.

사랑하는 아내 봉봉이에게
감사와 존경을 전합니다.